U0926625

QIYE CHENGZHANGLI SHUJIA
企业成长力书架

品牌重建

张持◎著

中国财富出版社

图书在版编目（CIP）数据

品牌重建／张持著．—北京：中国财富出版社，2017.7
（企业成长力书架）
ISBN 978－7－5047－6568－0

Ⅰ.①品…　Ⅱ.①张…　Ⅲ.①品牌—企业管理—研究　Ⅳ.①F273.2

中国版本图书馆 CIP 数据核字（2017）第 196707 号

策划编辑　单元花　　**责任编辑**　单元花
责任印制　方朋远　梁　凡　　**责任校对**　胡世勋　　**责任发行**　董　倩

出版发行　中国财富出版社
社　　址　北京市丰台区南四环西路 188 号 5 区 20 楼　　**邮政编码**　100070
电　　话　010－52227588 转 2048/2028（发行部）　010－52227588 转 307（总编室）
　　　　　010－68589540（读者服务部）　010－52227588 转 305（质检部）
网　　址　http://www.cfpress.com.cn
经　　销　新华书店
印　　刷　北京京都六环印刷厂
书　　号　ISBN 978－7－5047－6568－0/F·2821
开　　本　710mm×1000mm　1/16　　**版　　次**　2017 年 12 月第 1 版
印　　张　11.75　　**印　　次**　2017 年 12 月第 1 次印刷
字　　数　168 千字　　**定　　价**　45.00 元

前　言

在互联网环境下，品牌的任何一处细小的优势或缺点都会被无限放大。众多默默无闻的小品牌因为某一点创新而迅速成为受追捧的主流品牌，也同样有许多知名的传统大品牌因为一次失误就丑闻缠身，甚至是万劫不复。

品牌危机难以从根本上避免，任何企业都无法保证在漫长的经营过程中永远受到用户正面的、积极的评价。当面对非议时，逃避和闪躲是无法解决问题的，也绝非面临品牌危机时的正确行为。

品牌危机并非品牌的终结，当危机发生后，如果企业能抓住黄金时间做出让大众信服的处理，危机是能够得到抑制或消除的。可口可乐、肯德基、英特尔……这些国际知名的大品牌都曾经遭遇过严重的危机，不过凭借着自身坦诚的处理态度，这些危机都得到了化解，它们也仍在全球范围内享有较高的美誉。

即便是品牌遭遇了致命的打击，也不能轻言放弃。互联网在带来难以预估和控制危机的同时，也会带来重建的契机，关键在于企业能否以正确的思想、正确的方式去应对。波音公司首席财务官曾因贿赂官员而锒铛入狱，整个公司都陷入舆论的旋涡。不过，波音公司却以此次危机作为一次警示，重新明确了企业使命、规范了内部制度，很快，波音公司又迎来了新的腾飞，而且飞得更高更稳。

所以，危机并不可怕，漠视危机才是最可怕的。塞翁失马，焉知非福。危机和契机经常会结伴而至，而在互联网时代，企业通过把握危机、控制危机、借助危机来实现品牌重建需要借助相应的思维方式。

本书一共分为八章。第一章，借助一系列热门的案例阐述了品牌危机2.0时代企业面临的诸多问题和困扰。第二章，从不同的角度阐述了企业在互联网时代下面临的全新环境和危机。从第三章开始为全书的重点内容，分别介绍了迭代法则、用户法则、体验法则、社会化法则、大数据法则、爆点法则。这六点法则借助互联网思维引申而来的品牌重建精髓，为企业的品牌重建提供最新的、最有效的指导。

本书采用图文并茂的展现形式，以案例与理论相结合的写作方式，尽可能将最新的思想观念以最通俗易懂的方式展示给广大读者。本书以互联网思维作为切入点但又不局限于互联网品牌或互联网工具，传统行业、传统营销方式借助互联网思维加以改造和运用，同样也能在品牌重建中发挥重大的作用。

通过本书的阅读与学习，希望广大读者对互联网时代下的品牌定位有一个全面且清晰的认识，以全新的思维、全新的视角打造符合时代特色的品牌形象，迎合广大用户的认知与需求，让品牌在全新的环境中仍然能站得更稳、走得更远。

作　者

2017 年 3 月

第一章

品牌危机2.0时代，坏事传全球

我国有句俗话，叫“好事不出门，坏事传千里”。但随着互联网的普及打破了时间和地域的限制，也给企业带来了更严峻的挑战。如今，企业的品牌危机已从“传千里”的1.0时代迈入了“传全球”的2.0时代。

尤其对于大品牌来说，一次不经意的失误或疏漏，换来的可能就是一场全球范围内用户的“口诛笔伐”。届时，不仅企业要为危机公关疲于奔命，品牌形象势必也会受到不同程度的损害。

“柯震东吸毒事件”引发12家500强企业品牌危机

2014年8月14日，当红艺人柯震东因涉嫌吸毒被北京警方拘留。该事件在8月17日通过网络被曝光，一石激起千层浪，迅速成为了公众关注的焦点。

8月28日，柯震东被释放，并在之后数日内通过多方渠道向公众致歉，但此事件带来的风波远没有结束。柯震东本人形象受到的破坏和社会公众内心受到的伤害自不必说，众多邀请柯震东作为品牌形象代言的企业更是受到了巨大的影响。

据统计，柯震东先后共为19家企业做广告代言，其中，世界500强企业或其旗下的企业多达12家，例如汇丰银行、佳能相机、肯德基、炫迈、妮维雅等，这些都是人们耳熟能详的品牌。

不少被波及的品牌在事件曝光后纷纷发表声明，企图想要和柯震东撇清关系。肯德基所属的百胜集团称，已与柯震东终止合作；炫迈所属的亿滋中国则表示，正在与柯震东的经纪公司协商后续处理。但即便是动用500强企业的公关力量，想完全消弭该事件对企业造成的影响也不可能在短期内达成。

业内人士估计，柯震东事件带来的直接和间接的商业损失将高达数十亿元，由于明星代言合同的隐秘性，其具体的损失数额将无法估计。而对于代言企业来说，广告费的损失还仅仅是一方面，一些品牌在此事件之后惨遭网友恶搞，后续销售额的减少及品牌形象受到伤害所带来的损失根本无法估量。

代言明星卷入丑闻后会给相关企业造成相当大的负面效应，这着实令相关企业“抓狂”。尽管在商业代言合同中一般会有限制条款，在代言明星深陷负面新闻时，企业能够终止合作并要求赔偿，但这仅能为相关企业追回一部分物质损失，品牌形象受损的“痛”仍需独自承担和应对。

资深广告人范业龙就曾形象地说过，请明星代言就像买股票，“入市需谨慎”（见图1-1）。如果明星的知名度水涨船高，企业品牌形象也会从

图1-1　入市需谨慎

中获益；而一旦明星卷入丑闻导致人气暴跌甚至被封杀，作为合作关系的企业也会被深深“套牢”。

但对于知名企业来说，不可能因为害怕丑闻就完全不用明星代言，这无异于因噎废食。而企业也不可能完全干涉或预测明星的行为或影响舆论导向，难道企业就束手无策、坐以待毙吗？当然不是，关键还是要看危机事件爆发后企业如何应对。

就拿“柯震东吸毒事件”曝光后的企业公关来说，有的独善其身，有的以中立立场表态，也有的选择沉默，进一步观望。

不过，绝大多数网友都希望见到相关企业迅速做出正面回应。业内人士也表示，企业公关应该抓住危机后的黄金72小时，沉默和逃避都不是好的应对方式。毕竟，明星卷入丑闻不是企业的过错，企业勇于正视和承担才能赢得公众的体谅，挽回企业形象，重振品牌雄风。

18个桃子引发的大围山水果品牌危机

大围山水果多年以来在全国各地享有盛誉。作为原产地的大围山，生态环境优良，是国家森林公园之一。这里出产的水果，不仅品相、味道好，各项质量指标也都优于一般水果，在消费者中树立了良好的口碑。可就在2014年，一起“烂桃事件”，险些让大围山水果品牌毁于一旦。

2014年7月26日，长沙的黄女士在微信上发布了一组照片，照片中的桃子有的发青、发烂，有的附着霉斑。黄女士说出了自己的遭遇：就在前一天，她刚从大围山旅游归来，由于知道当地水果很有名，便联系熟人在一个农家小院订了一箱桃子，可刚回到家，就发现一箱18个桃子已经烂了大半（见图1-2）。

这件事通过微信迅速传播开来，网友们纷纷谴责果农“杀鸡取卵”，

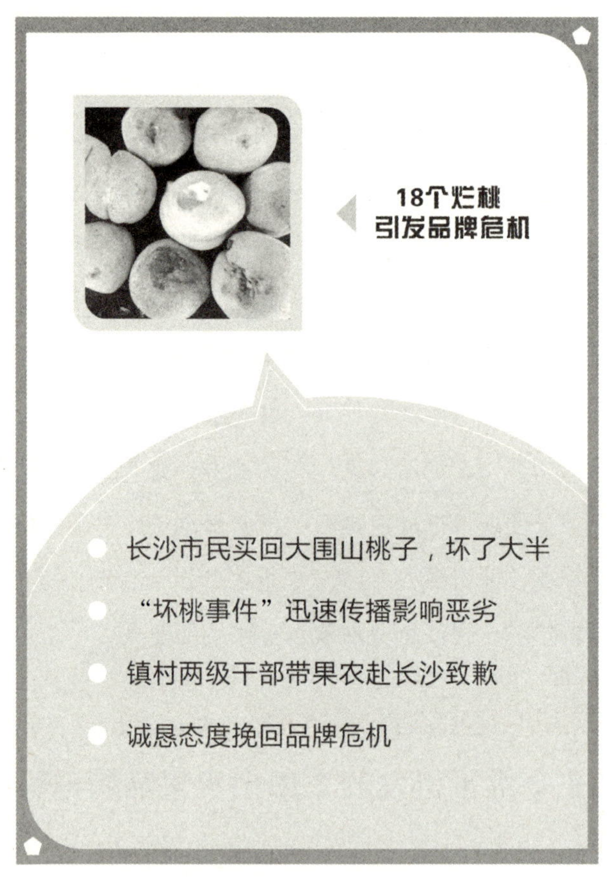

图1－2　18个烂桃

称大围山水果的牌子迟早会砸掉。

事件很快传到了大围山当地，分管农业的镇人大副主席宋新丰对此忧心忡忡，他深知这起事件可能会带来极其恶劣的影响。于是，他果断采取行动，于28日和果农一起，奔赴长沙向黄女士登门致歉，并说明桃子感染了灰霉病，封装前没有看出来，并非主观故意售假。同时，他们提出向黄女士退还货款，并送上两箱梨作为补偿。对于这样的应对态度，黄女士也感到很满意，她拒绝了果农的补偿，并表示以后会帮助他们宣传。

自2010年起，大围山镇每年都会组织开展水果旅游节，吸引了各地游客。同时，大围山水果开始在各大城市的超市设立专柜，品牌越做越强。一箱烂桃，伤害的不仅仅是一位消费者的心，而是整个品牌形象，甚至会对当地整个旅游业都带来负面影响。

烟台的“药袋苹果”，四川的“柑橘长虫”，这些事件带来的伤害至今仍历历在目。也正是因为这些前车之鉴，大围山当地代表在“烂桃事件”后才果断地选择了正面回应，承认了在工作上的失误，其诚恳的态度很快得到了当事人和许多网友的谅解。

宋新丰回应说：“培养一个品牌可能要用十年时间，而毁掉一个品牌却只要两三天。”他还表示，这起事件引发了大围山当地的品牌危机意识（见图1－3），官员和果农都认识到，品牌建设尚处于起步阶段。

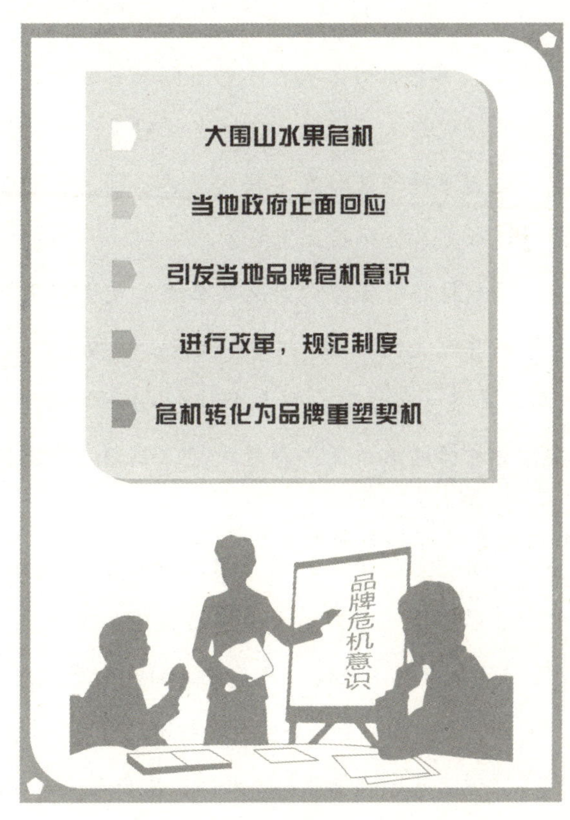

图1－3　品牌危机意识

很快，大围山镇政府就对当地水果业进行了讨论与改革，用规范的制度和科学的手段来保证质量，维护品牌。比如，采用统一的外包装并申请专利，同时注明“绿色食品认证”“长沙名牌产品大围山绿色水果”及“大围山”商标；经过农技站农药残留检测合格的产品，会派发农产品质量安全溯源标签，扫描标签上的二维码即可查询这批水果的信息；集中零售摊点，规范零售行为，让果农互相监督，加强监管。

至此，大围山水果危机有望转化为品牌重塑的契机。

iCloud 艳照门背后，苹果品牌的最大危机

2014 年 9 月 1 日，百余张好莱坞女星的不雅照片在网上被曝光，其中不乏诸如奥斯卡影后詹妮弗·劳伦斯这样的当红明星。即便是在自称“自由国度”的美国，这起事件还是引发了轩然大波。因为，这起事件不单是一起娱乐界丑闻，还和苹果公司搭上了关系。

经初步调查，这起艳照门背后，竟是黑客通过攻击苹果 iCloud 云存储盗取了他人上传的照片（见图 1-4），一时间人心惶惶。此后，苹果、FBI（美国联邦调查局）等多方都立即着手展开调查。9 月 8 日，苹果官方正式发表声明，称黑客并非像网络传闻那样攻破了 iCloud，这次艳照门只是黑客有针对性的一次特定攻击。

对于苹果公司这份“敷衍了事”的声明，公众并不买账，近千万用户在 Twitter（推特）上公开表达了对苹果公司的失望和不满。就连路透社也一针见血地指出，“此次当属苹果近几年危机公关中的最大败笔”。

此前一直在传言中被提及的苹果公司将要打造的移动支付钱包——iWallet 正逐渐变为现实，但在 iCloud 艳照门事件后，又会有多少人敢毫不犹豫地将自己的个人财产托付给苹果公司呢？苹果公司的信任危机才刚刚开始。

图1－4　黑客通过攻击苹果 iCloud 云存储盗取照片

信息安全问题一直是美国民众最关心的问题，在互联网时代，任何个人和企业都无法保证不会被攻击，关键是如何去应对。发现了问题和漏洞，就要拿出具体的方案去应对和弥补，苹果公司这种“干吗大惊小怪”的态度实在不可取。

苹果公司“高傲”的公关态度一直以来都是其重要的标签之一，其产品的售后服务总是会以各种方式来“折磨”客户，但在过去也鲜有引发客户大规模不满的现象，因为苹果产品的卓越品质使客户心甘情愿地包容了它们的一些缺陷。

不过，这并不代表客户会永远纵容苹果公司的类似行为，他们心中有一个清晰的底线，iCloud 漏洞使得产品根基出现裂痕，而苹果公司又试图随便将他们“打发”，这显然触及了广大客户的“逆鳞”，他们希望得到妥善的、令人信服的处理。

尽管苹果公司目前仍保持强势，但早已不像过去那样坚不可摧了。在苹果公司引以为傲的智能手机领域，三星如今与其分庭抗礼。自乔布斯回归苹果后，苹果公司的每一款产品都能赢得市场的一致赞赏。但随着乔布斯的离世，苹果公司的产品创意屡屡受到质疑，苹果公司的产品不再是“完美”的代言人，过去那副高高在上的“王者作风”已经不再适用。没有过硬的产品做保障，噱头也就成为了陋习。

iCloud 艳照门事件，给苹果公司敲响了警钟，如果还不构建一种应对危机的正确态度与方式，在互联网时代，品牌陨落的速度将会比想象中更快（见图1－5）。

图1－5　苹果手机品牌影响力下降

聚美优品聚“伪”，陷售假风波

2014 年 7 月，聚美优品再次陷入售假风波，其平台下的第三方供应商——祎鹏恒业涉嫌大规模造假售假，多为阿玛尼、迪奥、爱马仕等世界知名奢侈品牌，影响极度恶劣。

2014 年 5 月 16 日，聚美优品在美国成功上市，本应迎来的高速发展期被售假事件蒙上了一层阴影。就连那句标志性的陈欧体广告语“我是陈欧，我为自己代言”，也被恶搞为了“我是陈欧，我为假货代言”。

在事件曝光后仅数小时，聚美优品就发表声明称将会立即关闭涉假店铺并严肃整改。其后又发表了一系列公关稿，但基本都是一个思路——“陈欧不知道，陈欧很火大，陈欧要强力解决”。但震惊和愤怒的消费者似乎并不买账，因为这已经不是聚美优品第一次陷入“售假门”了。

就在 2013 年 3 月，上海的李小姐在使用了从聚美优品购买的化妆品 5 天后，出现了明显的过敏症状，就医后证实是化妆品使用不当所致。一位自称“聚美优品前员工”的网友爆料称，聚美优品的大牌化妆品，假货比例高达 90%。尽管聚美优品坚称此乃竞争对手诬陷，但并未能提供让人信服的证据。

在 2013 年售假事件后，聚美优品于 7 月推出了“真品联盟”化妆品防伪码体系，而仅仅时隔一年，这起更大规模的售假事件就被曝光，也难怪消费者纷纷质疑，“陈欧对造假会毫不知情？聚美优品到底还隐藏着多少‘祎鹏恒业’？”

聚美优品多次涉嫌售假引发了一系列连锁反应，远在美国的股民，也对聚美优品的企业理念和经营模式产生了质疑。部分第三方律师事务所通过调查后称，聚美优品存在虚假披露、误导性陈述以及未披露信息等违法行为，已有部分事务所代表投资者向地区法院提起了集体诉讼。

面对多方的“围攻”，聚美优品 CEO（首席执行官）陈欧发布了一篇长微博进行回应。整篇文章就是宣称“聚美优品是最干净的电商”“其他电商平台也售假，别光盯着我们”。这样让人哭笑不得的诡辩在消费者的质疑面前实在是无力的。

2013 年 8 月，聚美优品的股价曾高达 39.45 美元，但由于各种负面新闻的影响，到 12 月已跌至 12 美元左右，已经大大低于 IPO（首次公开募股）时的发行价 22 美元，聚美优品正面临着资金与品牌的双重危机。

尽管目前尚无证据证明聚美优品知假卖假，但无风不起浪，问题已经一次次摆在人们眼前，聚美优品还需从自身找原因。无论广告拍得多么有创意，无论老板如何励志，想要让品牌强大，终究还是要回归到商品本源。把控货源、加强监管、严格审核，保证消费者买得放心、用得舒心，这才是解决问题的根本（见图 1－6），而不是以一些自我开脱的公关做表面文章。

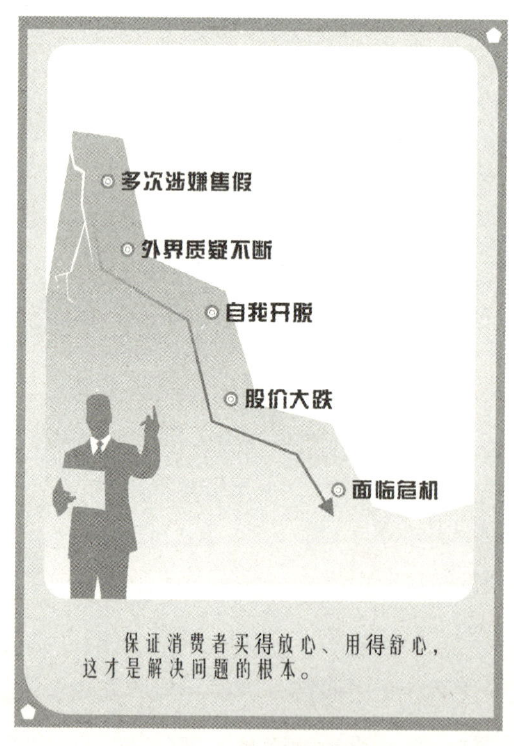

图 1－6　解决问题的根本

毫不夸张地说，聚美优品的品牌在国内外市场已摇摇欲坠，如果再不采取措施与假货划清界限，只会在绝路上越走越远。处在风口浪尖上的聚美优品，已经到了品牌重塑的抉择时刻。

农夫山泉“标准门”事件

自2013年4月以来，《京华时报》持续28天以连续67个版面、76篇报道，声称农夫山泉“标准不如自来水”，引发了关于“标准门”事件的一系列舆论（见图1－7）。

图1－7　“标准门”事件

事件最早源于2013年3月8日，李女士称其公司购买的多瓶农夫山泉饮用天然水中出现不明黑色物质，但农夫山泉只是坚称产品合格，根本未做出实质性的解答。

3月25日，某网站爆料称“农夫山泉丹江口水源地垃圾围城，水质堪忧”，再次将农夫山泉推向舆论焦点。

4月11日，农夫山泉发布声明回应称，农夫山泉饮用天然水品质高于国家现有标准，并指责华润怡宝蓄意策划抹黑。

仅过了一天，《京华时报》就撰文称饮用水协会确认农夫山泉标准不及自来水。并前后列举了众多证据证明，农夫山泉刻意混淆视听，执行的只是比国家标准低的浙江地区标准。

4月25日，浙江卫生厅表示：国家或行业标准实施后，地方标准应自行废止。行业内专家也认为，农夫山泉执行比国标低的浙江地区标准，确实属违规行为。这也意味着，农夫山泉所有的生产工厂都必须整改。

不久后，农夫山泉正式宣布放弃北京桶装水市场，关闭当地工厂，不断升级的事件暂时告一段落。尽管农夫山泉声称这是为了维护品牌尊严，但失去了一个10万人的市场无疑是一次惨痛的失败。

此事件后，且不论媒体的报告是否严谨，农夫山泉是否被“黑”，仅从农夫山泉的一系列公关行动来看显然是欠妥的。作为代价，农夫山泉经营多年的北京市场毁于一旦，多年积累的品牌声誉也陷入了争议。

从“标准门”事件爆发后，对于“产品执行标准为浙江地方标准而非更严格的国家标准”这一讨论的焦点，农夫山泉方面始终没能给出明确的解释，总是试图转移话题，其闪烁其词的应对也是引发一系列媒体深度挖掘的触点之一。

农夫山泉在进行危机公关时，着重点没有放到降低损失、平息事态上，反而就“真相”问题与媒体大打口水仗，结果根本拿不出有力的证据说服媒体和大众，反而露出了更多的把柄。食品安全与饮用水安全近些年一直都在挑动着大众脆弱的神经。在丑闻曝出后，无论是真是假，农夫山泉都已经陷入了不利局面，公众都是“宁可信其有，不可信其无”，所以农夫山泉危机公关的着眼点出现了严重失误（见图1－8）。

图1－8　农夫山泉危机公关失误

在2013年3月曝出几起水质投诉问题后，农夫山泉的应对实在是让人失望，只是在口头上强调自己的产品没有问题，这几乎等同于对消费者不理不睬。在危机公关中，第一时间给出最准确、最让人信服的回应，将危机消灭在源头上，基本是一条铁律。但农夫山泉在前期几乎毫无作为，最终导致了矛盾激化，危机扩大。而当问题在多方的争论中越闹越大后，农夫山泉宣布退出北京桶装水市场，更像是一次赌气行为。尽管其宣传是为了品牌尊严，但在公众看来，这种行为反而是承认了自己有猫腻，对于改善品牌信任危机几乎没能起到什么作用。所以，“标准门”事件实质上是农夫山泉之前一系列负面新闻的集中爆发。农夫山泉努力吸取教训，挽回品牌信誉，已刻不容缓。

恒天然集团肉毒杆菌事件

恒天然集团是新西兰国内最大的公司，同时也是世界第六大乳制品生产商，第一大乳制品出口商，占全球乳制品贸易的1/3。

恒天然集团有着全球最严格的有机食品标准，配合新西兰绿色、纯净的形象，其有机食品原料在美国、日本、欧洲、中国等世界各大地区都有着稳定的市场。这样一家在全球范围内深受消费者认可和欢迎的品牌，却在2013年8月曝出其浓缩乳清蛋白粉产品可能含肉毒杆菌，在当时引起了全球范围内的骚动。

8月3日，恒天然集团举行新闻发布会，执行董事加里·罗马诺介绍说，检测显示，由于一家本地的加工厂管道不洁，其在2012年5月生产的3批浓缩乳清蛋白可能含有肉毒杆菌，据估计总量达40吨左右。此外，这些原料已经提供给8家制造商，涉事产品预估达900吨。

此后，恒天然集团立即联系了相关国家的有关部门和企业，展开了大规模的产品召回行动。至8月28日，新西兰初级产业部宣布，经过检测，恒天然集团生产的浓缩乳清蛋白并未发现含有肉毒杆菌，而是含有梭状芽孢杆菌，对人体并无危害，一般不会引发食品安全问题（见图1-9）。

图1-9　恒天然集团肉毒杆菌事件

至此，这场牵动了无数人神经的乳品安全事件，以虚惊一场宣告落幕。

尽管该事件是由恒天然一家加工厂的疏忽导致的“乌龙事件”，并引发了多个国家消费者的恐慌，但恒天然集团迅速果敢的公关行动还是较有成效地化解了此次危机（见图1-10）。我国大部分专家都认为，相比中国的一些乳企，恒天然集团的行动要更专业、更有责任感。

事实上，在恒天然集团最初举行新闻发布会时，并未完全确证其产品有问题，但他们没有因为未收到健康问题报告而有所怠慢，在最终检测结果出来之前，就果断地承认了自己的工作失误，并不计代价地开展召回行

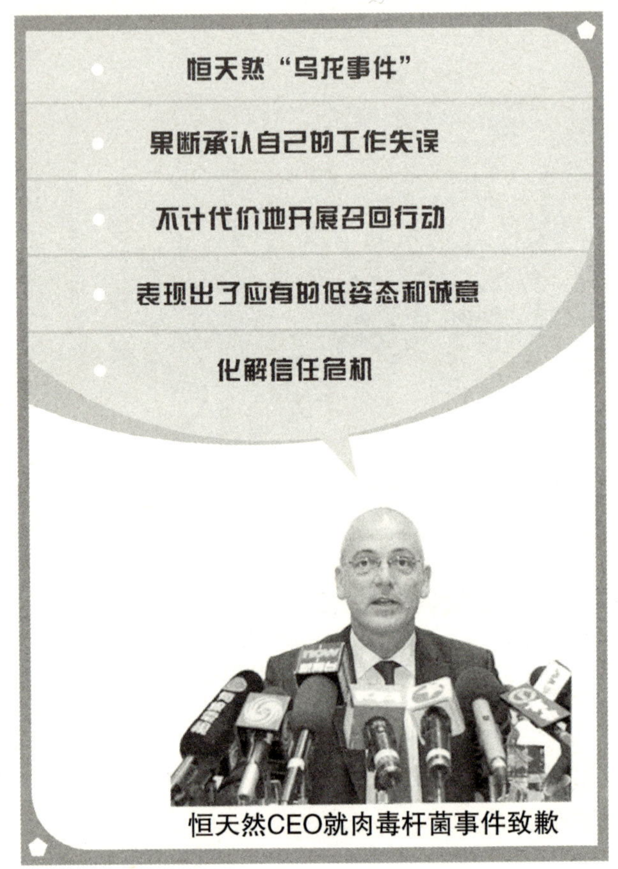

图1－10　恒天然化解信任危机

动。尽管一时间恒天然集团从"绿色安全"的宝座上跌了下来，但随着最终检测报告证明了自己的"清白"，我们相信它得到消费者的谅解，重返神坛只是时间问题。

而总有一些企业，明知道自己的产品可能有问题，但由于没有接到相关的报告或投诉，就抱着侥幸心理，试图蒙混过关。当问题真正爆发后，再进行公关为时已晚。

针对恒天然集团此次危机公关，品牌研究专家李栋强调说："出现家丑，固然有错；自曝家丑，亡羊补牢。"恒天然集团在发现问题后，不仅能立即采取行动，而且整个过程公开透明，表现出了应有的低姿态和诚意。最终，当证明产品并无安全问题后，反而更加凸显了恒天然集团严谨负责的态度和作风。

对于广大消费者而言，一家敢于自曝问题的企业远比一家被外界曝出问题的企业更值得信任。在三聚氰胺事件后，国内消费者的信任已经无法再承受挑战和刺激了。

有危机不可怕，可怕的是没有危机意识，所有企业都应该从此次恒天然事件中得到启发，学习应对危机的正确方式。

恒源祥十二生肖广告事件

恒源祥是我国的知名品牌，其产品涵盖绒线、服饰、家纺等多个品类，在全球范围内也是羊毛使用量最大的企业之一。“恒源祥，羊羊羊”这一广告语，虽然简单，但早已深入人心。但在2008年，也正是因为一则广告，让恒源祥引发了众怒。

2008年，举国上下最关心的事情莫过于北京奥运会。而恒源祥也花巨资成为了北京奥运会的赞助商，并且制作了一段长达一分钟的电视广告在央视推出。这本该是一个进一步树立品牌形象的大好良机，但无奈令人“喷饭”的广告内容招致了无数人的非议。

事情大概是这样的，在2008年春节期间，恒源祥推出了一则历数十二生肖的贺岁形象广告，然而，在这段广告中，由北京奥运会会徽和恒源祥商标组成的画面一直静止不动，广告词则是从“恒源祥，北京奥运会赞助商，鼠鼠鼠”，按十二生肖的顺序一直念到了“猪猪猪”，乏味的语调和内容重复了12次！

这则广告一经推出后几乎遭遇了一致差评，不少网友看到该广告后毫不客气地评价为“恶俗”，还有的网友称之为“语言暴力”。

然而，恒源祥方面似乎还不死心，在2009年春节期间，又继续推出了新版十二生肖广告，广告词几乎如出一辙，从“我属牛，牛牛牛”一直轮换到“我属鼠，鼠鼠鼠”。尽管新版广告改善了许多，但仍然勾起了许多观众痛苦的回忆，不少网友认为恒源祥完全是恶意炒作，并表示要抵制恒源祥的产品。

尽管十二生肖广告争议巨大，但恒源祥也因此变得家喻户晓，不过，这种以贬低品牌形象带来的高知名度，真的有必要、有价值吗？“雷人广告”是一种营销策略，曾有不少公司都采用过，故意将自己推向舆论的中心借此以低成本获取知名度。但是，恒源祥用极高的成本进行“雷人”宣传，实在是让人看不懂。

央视媒介分析总监袁方博士认为，单从商业角度来说，十二生肖广告并非坏事，但连续两年推出还是有些欠考虑。对于恒源祥这样一个有实力、有认可的大品牌，比起传播力度，广告带来的品牌美誉度更加重要，从这个角度看，十二生肖广告无疑是弊大于利。

有理想、有追求的企业在进行广告宣传时，不能仅仅为了让人记住，根本目的是要让人有购买的欲望。在信息爆炸的互联网时代，消费者本身早已被铺天盖地的低劣广告给折磨得焦头烂额，充满了反感，而恒源祥的十二生肖广告无疑是雪上加霜，挑战了消费者的忍耐极限。

还有一些专家认为，十二生肖广告完全是一种“噪声污染”，缺乏社会责任感，理应受到相关部门的处罚。虽然处罚的事无果而终，但十二生肖广告在央视停播也在一定程度上证明了这一广告的失败。

对于恒源祥这样一家有经验的公司来说，借助一个好的契机，制作一个有创意的、深入人心的广告绝不是难事，类似十二生肖广告这样欠缺考虑的剑走偏锋，无疑是在自毁前程。投机取巧、逆向炒作，要建立在消费者认可的基础上，不顾消费者感受的宣传，只会带来负面效应（见图1－11）。

图1－11　恒源祥不顾消费者感受的十二生肖广告

第二章

互联网时代，品牌面临的新危机

移动互联网时代，用户作为网络活动中的主角，主导着流行趋势。新媒体改变了人们感知企业品牌信息的方式，刷新着企业的品牌思维。

网络时代新的变化引发了新的危机，那些在危机中丧失灵活性的品牌，遭遇危机后往往步履艰难。企业要在危机中生存，必然要跟随趋势，改变传统的品牌思维，创新营销理念，以新的眼光审视危机，以新的方法指导危机后的品牌重建。

移动互联网时代的传播趋势：移动、智能、自媒体

“冰桶挑战”最初是由美国 ALS（肌肉萎缩性侧索硬化症）协会发起，本意是为 ALS 患者筹集善款，并呼吁社会关注 ALS 病人。规则很简单，挑战者只需拍摄头浇冰水的视频，上传至互联网后再提名三人，不应战者要捐出 100 美元善款。

这个简单的慈善活动，在几乎没有任何主动宣传的情况下，却在一夜之间迅速传播开来。从亚马逊 CEO（首席执行官）杰夫·贝索斯和谷歌联合创始人拉里·佩奇被指名开始，微软的比尔·盖茨、Facebook（一社交网站）的扎克伯格、苹果的库克等众多名人，都纷纷被“卷入”这场活动。这项活动除了涉及这些科技界的大佬们，还扩展到了体育界、娱乐界和政界，NBA（美国男子职业篮球联赛）的众多球星，著名歌手 Lady Gaga，美国前总统小布什纷纷参与了这项挑战。这项活动通过 Twitter（推特）、Facebook（脸书）等越传越广，众多的美国普通民众也开始参与到了活动中。

这项活动甚至还冲出了美国，来到了中国，姚明、雷军、李彦宏等知名人物纷纷被指名并参与了该活动。就这样，这个从少数几个人开始的挑战赛，成为了一项全球共同关注的活动。

“冰桶挑战”，没有电视上的公益广告，也没有铺天盖地的宣传标语，

只是凭借互联网，短短几天时间便传向了全球各大区域。

互联网的普及，给传统的信息传播带来了革命性的变化：更快、更广、更强。互联网时代的信息传播，打破了时间和空间的限制（见图2－1）。

图2－1　互联网时代的信息传播

随着智能手机的出现，无线网络的建设，众多移动平台也开始接入网络。移动互联网预示着一个新时代的到来。

在移动互联网时代，信息传播方式呈现出众多新的变化，主要有三大趋势（见图2－2）。

图 2-2 移动互联网时代信息传播方式的趋势

1. 移动

我们无法随身携带连接网络的电脑，但是我们可以随身携带移动互联网的主力平台——智能手机。我们可以随时随地上网，人们之间的网络联系不再存在空白，各种碎片化时间也被填充。我们可以快速地接收、发送信息。这些是智能手机带给我们的便利。

2. 智能

移动互联网时代下的信息传播，不再是毫无目的、毫无针对性的“狂轰滥炸”，而是有明确针对群体的选择性行为。

传统的信息传播途径，无论是报纸、宣传单，还是广播、电视，都无法同时做到有针对性的传播，基本是在一定的区域范围内进行饱和式宣传，人们能否准确地接收到就完全“听天由命”。

而移动互联网时代，我们不仅能准确地选择一个人或一个群体进行信息推送，还能够同多个信息接收者开展沟通互动，不仅传播的针对性强，而且能把握到切实的效果。

3. 自媒体

在移动互联网时代，每一个人都可以成为一个小小的媒体，进行大范围的信息传播。比如，微博与微信等，就为我们提供了这样一种途径和平台。

现在，任何热点事件都能够迅速地在移动互联网上传播。如发微博或微信，我们的微博关注者、微信好友就能第一时间得知该信息。在他们中间，又会产生新的传播者进行新一轮的传播。就这样，一传十、十传百，而且信息传播几乎没有时间的延迟。这就是自媒体，这就是移动互联网传播能量的源泉所在。

互联网时代品牌的6大趋势

网络传播渠道多样，信息更新快速。品牌进入网络变得简单，然而，在碎片化的信息中被快速识别与追随却并不容易。对于企业来说，为品牌吸引追随者，意味着要以新的眼光，观察互联网的世界，抓住其中的趋势（见图2－3）。

图 2－3 互联网时代品牌的 6 大趋势

1. 无娱乐不狂欢

互联网时代，娱乐已经成为流行的推动力，行业上升发展的牵引力。品牌要获得知名度和好感度，抓住善变的消费者的口味与注意力，娱乐化成为重要方向和必然选择。相较于传统的广告形式与公关软文，在网络环境中的娱乐性、互动式的话题和热点，更有吸引力，参与度与反馈也更高，品牌往往能够收获更多的关注与好感。

品牌营销需要娱乐，诉求娱乐、体验与享受，以娱乐化的方式重新定义产品和用户，是互联网时代的需求，也是互联网传播的现状与趋势。

2. 亚文化主流化

网络中的海量用户群体除了代表主流文化的用户群体外，更多的是具有特别主张、多样兴趣追求的部落化的亚文化同好群体。在亚文化逐渐主流化，年轻群体的边缘文化开始创新与颠覆的网络时代，兴趣、话题、创意成为统合分散于网络中的不同群体的重要元素。

走进年轻群体，发现边缘化群体的部落，以兴趣和激情吸引参与，聚焦人气，获得关注与支持，是互联网时代品牌重建的选择。

3. 魅力型人格

品牌不但要成为企业产品的代言人，而且也应该是一位具有象征意义的魅力“人物”。

性格化的品牌，独特个人风格魅力是品牌的闪光点和吸引力所在。数字时代，移动互联网能够更容易让企业的魅力覆盖广大的人群。品牌的人性化、亲民化、情感化更能让品牌接近受众的感性心理世界，精神上的认同能够为品牌吸引到大批的精神追随者。

4. 无限接近受众

信息与人脉是极为重要的资源，企业要扩大品牌的影响力就要无限地接近受众。

品牌营销充分发挥人脉和信息的资源优势，品牌信息扩散的同时连接线上线下的网络群体，进行多方面的互动，让受众获得对品牌的精致、全感体验，带给他们全方位的感知满足。与此同时，在创意参与体验中，需要给予用户更多的选择权和话语权，在反馈中发现消费者新的需求，进一步传递品牌话语。

5. 人文主义至上

移动数字时代，善用高科技的消费者的自觉意识日益提升，关注世界、关注人、关注价值。消费者更倾向于选择那些具有自身价值主张、富有人文精神的品牌。注重企业使命、愿景与社会价值，以价值观作为行为驱动，追求人文精神的企业能够实现品牌差异化而被消费者快速识别，竞争中也别具优势。

诉求产品功能和情感的营销方式在同质化的时代已经成为过去，眼光需要转向更为宏大的人类命题，以期达到新高度。

6. 多元中演变

互联网世界，暗流涌动，动态而多元的生态空间中，新事物不断成长，已有的事物不断演化。新与旧，通俗与晦涩，小众与大众，重构与破坏，没有绝对的分离，只有永远的延伸与互动。

张瑞敏曾说过："没有成功的企业，只有时代的企业"。挑战不会停止，品牌要发展必然要成长演变，直面多变的环境，调整自己发展的姿势与脚步，以灵活的姿势，冷静地跟紧互联网时代的节奏。

互联网带来品牌思维的改变

2014 年 12 月，大韩航空副社长赵显娥在搭乘自家客机时，因坚果放置不如己意，强令飞机返航，蛮横对待空乘人员而引发的"坚果门"事件，被媒体曝光后，在社交网络上进一步发酵。据报道，事件前，"大韩航空"在社交网络上被提及的次数只有300 次/日左右，但是事发后达到了近 1 万次/日。事件中，大韩航空成为舆论的焦点，企业受到社会各方强烈批评指责，企业形象大跌，各种质疑纷至沓来。事件最终发展到司法介入。

网络传播环境下，与企业相关的一个人，甚至一句话、一件事都能对品牌造成始料未及的影响，引发强大的蝴蝶效应。企业无论建设新品牌，或是管理和维护已有品牌资产，都必须考虑到互联网的这种功效以及危险性。

当今时代，很多传统的品牌思维已然不合时宜。

而在互联网时代，这种传统观念需要更新。互联网时代加快了品牌的建设进程，不断成就着新生品牌。同时，对于强大的品牌来说，品牌地位固然不会轻易崩塌，却容易在互联网这个开放的世界受到挑战与冲击。

数字时代，不是高价的品牌能成为强有力的品牌。强大的品牌面对新的观念、新的需求也不得不进行新的改变。相比于被动保守，大胆精进，反而能够在竞争中占有一席之地。

企业要在互联网生态世界中生存，必然要超越传统品牌法则，用互联网的思维，坚持用户至上，感知用户需求变化，明确自身定位（见图2－4）。

图2－4　互联网带来品牌思维的改变

传统媒体对消费者的影响力减弱

传统的企业营销，是通过电视、报纸等媒体发布广告来传递产品信息的。消费者从广告中了解到品牌信息，广告成为人们获取产品形象，做出购买决策的一大影响因素。消费者只是被动地接收产品信息，了解的信息也十分有限。

如今，互联网成为消费者生活中最重要的媒介，满足着消费者多样化、个性化的需求。消费者花费在网上的时间正不断超越电视、报纸、杂志等传统媒介，娱乐、学习、体验、信息获取都可以通过互联网平台来进行（见图2－5）。对于年轻群体来说，无网生活成为了一种“酷刑”。

图2－5　传统媒体与网络媒体的发展变化

与此同时，网络媒体悄无声息地置换和更新了传统媒体的传播环境，为消费者架构了一个新的消费平台。网络集中了各种关乎社会文化生活消费的流行风向，助推着各种产品的营销，刺激着人们的购买欲望。消费者也脱离了传统媒介环境下的被动角色，转为主动的一方。

相比传统媒体，新时代的网络群体看重网络信息和网络意见，他们会利用互联网的各种渠道收集更多的产品资料，对比价格性能、参考他人的评价后评估产品是否值得购买，而在购买产品后，他们能够把自己的产品评价和购买体验发布到网络上，供他人参考，从而影响到更多的人。因传统媒体提供不了如此的参与和体验，致使消费者与传统媒体渐行渐远。

消费者彻底进入“我中心时代”

个体消费者也许并不会特别去考虑自身在新的消费时代所扮演的角色和所处的位置，但是他们却很明确地意识到自己的主张：做自己，我决定我的选择（见图2－6）。

如今的消费者玩转于网络空间，他们运用自身的感知回应品牌商的示好，他们运用体验来决定自己的选择。这种自由的“任性”，成为消费时代的特征。

网络时代的消费者运用自己的眼光来观察周围发生的一切，他们快速更新着自己对事物的观点和看法，追求着刺激和新奇，选择符合自己喜好的内容。好奇心会驱使他们主动接近那些具有创新的产品体验和价值表述的品牌，搜索产品信息。愉快的感受能够让他们对品牌产生好感，令他们倾倒的品牌能受到他们不遗余力的推广。相反，呆板无趣的感觉也能让他们对一个品牌快速失去兴趣并弃之不理，高调的营销也换不回他们的青睐。

图 2－6　消费者进入“我中心时代”

对于想方设法吸引消费者关注却收到冷淡回应的品牌来说，网络时代下具有自觉意识和自我主张的消费者，太过善变，要引起他们的兴趣变得十分棘手。他们埋怨消费者越来越难以说服，口味越来越挑剔。可以说，各大品牌商都在为如何获得消费者的认同和追随而感到十分头疼。

同时，更多的企业已经意识到，若想品牌成为主流，抓住消费者的注意力，进入消费者的选择和认同范围，就必须紧跟消费者，随时做好刷新自身品牌观念、创新营销理念的准备。也只有这样，才能在这个消费者作为主角主导流行趋势的时代中游刃有余。

品牌污点成为最大的潜在危机

2014 年 4 月 10 日，兰州威立雅自来水中苯严重超标事件，把威立雅推向舆论的风口浪尖。为了公众更深入地了解事件，各大媒体纷纷实时跟进，以威立雅自来水中苯严重超标为专题，将企业相关的方方面面贴到网上供公众查看。其中，威立雅自 2007—2014 年的企业水质安全、不正当竞争、超标排污事件等品牌污点被条列展示，拷问企业社会责任。在公众的审视下，威立雅衣不蔽体，困窘不堪。

品牌一如企业的面目，一旦被溅上污点，就会被消费者感知，让消费者在心中给企业打上差评，这种差评一旦被记录，就很难再更改。

传统媒体时代，品牌出现产品质量、服务问题或是违反法律道德等企业问题，即便被曝光，随着时间推移也会慢慢被消费者遗忘。问题企业会利用广告和行销再造形象，重新开张，掩盖过去的污点。

但现如今，企业的行为被传播和记录在网络的“记事本”上。企业一旦进入公众视野，受到关注，新媒体与传统媒体联合跟进，翻看企业行事录，注上品牌污点的不良记录就会被一一曝光，企业形象也会大打折扣。更进一步，品牌污点会演变成为企业危机引爆点，让企业无路可走，给企业造成难以挽回的损失。

品牌污点一旦形成，就如同暗影附体，紧紧跟随。企业想要摆脱污点十分困难。企业只有以行动刷新形象，学会自律，爱惜名声，才能用更多的光亮带自己走出黑暗（见图 2 –7）。

图 2－7　品牌污点成为最大的潜在危机

个人观点对企业品牌形象的冲击力加大

英国的时尚视频博主 Zoe Sugg（网名 Zoella）在 Youtube（一个视频网站）开设的以介绍美妆时尚打扮为主题的频道已拥有 650 万订阅收看者。这得益于其在网络上积累下的庞大粉丝量。作为新人作家，Zoe Sugg 推出的 *Girl Online* 一书，打破了 J. K. 罗琳、E. L. 詹姆斯作为出道新作家时的

首周作品销售纪录，成为英国最畅销的出道新人作者。

被任命为精神健康慈善机构 MIND 的数字大使后，Zoe Sugg 通过网络将自己对抗焦虑的过程告诉公众，引起了大量的讨论，MIND 也获得了更多年轻群体的关注。

Zoe Sugg 的经历印证了网络中个人所能够形成的影响力。像 Zoe Sugg 这样的普通人，却在网络上拥有庞大人气和影响力的（见图 2－8），并不少见。有许多人都如同“网络明星”一样，能够做到一呼百应，对他人的观点和行为产生重大的影响。

图 2－8　普通人在网络上拥有庞大人气和影响力

不仅仅是普通人，一些知名人士借助网络媒介，也能将他们自身的权威性最大化，产生难以预估的舆论推动力。在中国李开复、潘石屹、王石等企业家，姚晨、蔡康永等明星人物，曹林等传媒人士，利用微博发表观点，与粉丝互动都形成了独特的影响力。

活跃于网络，混迹于微博中的网络红人，自身也成了话题人物，他们往往拥有着大量的粉丝和媒体关注度。大批网民关注着他们的微博动态，一旦发出特别言论，就会被粉丝大量转载评论，并成为进一步讨论的热点。有时，他们的负面评论更是有着极大的冲击力。遭遇微博名人围攻吐槽，票房低迷的《一步之遥》便是一个典型案例。

《一步之遥》影片首映礼刚结束，第一批观看电影的影迷粉丝和微博话题人物在微博上便纷纷吐槽，任志强在微博大呼“有趣，但我笨，看不懂”，引发网友热烈调侃。此后，王思聪又在微博上对影片呛声炮轰，受到众多网友支持，其后《一步之遥》官方微博与王思聪的骂战过招再次让影片低分更失分。

差评成为主流，网络意见领袖的负面影评直接转化为大规模杀伤性武器，直接阻断了部分观众的观看选择，为影片造足了势的宣传营销也未能挽救影片票房走低的命运。

无论是多大的品牌，想要一手遮天、呼风唤雨是不可能的。消费者的个人观点已经成为了一种强有力的武器，他们会对整个客户群体产生影响，进而左右品牌的命运。一次认可可能会转变为企业的福音，而一次批判也可能会成为企业的噩梦。

预警系统已经不足以抵挡品牌危机

网络环境，危机易发而不易处理，处理不当会给企业带来更为重大的损失。很多企业面对在网络上迅速感染，一发不可收拾的品牌危机时，不知所措，纷纷遭难。

一些有忧患意识和品牌危机意识的企业，对危机更为警惕，为了避免陷入被动，纷纷引入了危机预警系统，作为预防危机的一大手段。具有比较完善的危机防范意识的企业会设立相应的部门和职位，研究一些危机的可能性与应对方法，制订应急处理方案，培养各种协助企业消除危机的关系网。同时，对网络的信息监测和预警则更为重视，在网络信息监测范围内，对网络上关于企业产品服务、自身经营行为、竞争对手等大量的相关信息纳入舆论监测范围。

危机预警意识可以说是企业危机管理意识的一大进步。未雨绸缪，确实能够帮助企业减少危机发生的概率，将可能引发的危机消灭在萌芽阶段。然而，企业也必须明白，预警系统并非万能，面对突发危机，往往会失灵。

2014 年，马来西亚航空丢了一架飞机，悲剧性事件突发，马航成为全球关注的焦点，马航航空业的地位也直线坠落。面对这样的危机，马航也一片茫然。再如，2014 年 4 月兰州威立雅水务集团苯严重超标成为公众关注的焦点，原因却是中国石油天然气兰州石化分公司一条管道原油泄漏，污染了企业供水线，中石化再次进入公众视野，接受舆论的洗礼。

危机之所以成为危机，突发性是其最大的破坏力。企业预警系统能够牵制一些潜在危机，但是，更多时候，危机往往不可预知，难以监测（见图 2 –9）。

图 2－9　危机预警系统难以抵挡品牌危机

从品牌危机到品牌重建

任何一个强大的品牌，都必然经历过疾风骤雨的洗礼，必然走过昏暗的危机丛林。艰难中，是披荆斩棘的再造道路使它们走向强大，是抛弃传统的创新思维使它们不拘一格。

网络时代，危机多发。很多企业不能适应这个时代带来的新风潮，危机中丧失行动的灵活性，以错误的思维和决策将品牌推入更深的危机，加速了品牌走向失败。

篝火难燃湿柴。不管危机是来自企业内部还是来自外界，危机之所以能被点燃，正是因为品牌自身携带“易燃物”，这些“易燃物”就是品牌自身存在的问题和弱点，危机中它们一一浮现，昭示着自己的存在。企业要继续发展，必然要审视自身，直面这些问题。

品牌重建，就是要把品牌易被攻击的薄弱环节一一强化，剪除枯枝败叶，重启品牌活力，延伸新的价值。

品牌重建，消费者是主角。在得消费者得天下的时代，品牌重建就是以消费者为中心，加强与消费者的关系的重建。要赢得消费者的追随，企业就要转变心态，苦练内功心法，改良创新自身产品，为消费者创造极致体验。

品牌重建，还要立足于新环境。要让品牌再次焕发活力，重新起飞，就要将自己定位在新时代，审视时代环境和新趋势，将自身资源放在最有利的位置，放大资源价值（见图 2－10）。

图 2－10　品牌重建

从品牌危机走向品牌重建，企业要改变不再适用的旧观念，剪除已经不能为品牌创造价值的部分，运用新思维，将创新改良渗透到企业行为的方方面面，学会借着时代的势头，实现稳定上升。

品牌重建的六大法则

品牌重建不是修复一件破损的产品，可以在封闭的环境里默默进行。而是必须在公众的视野里，立足于变化了的环境，在互联网思维下，开阔思路、创新方法，进行有效传播，重塑品牌与消费者的关系。品牌重建的六大法则（见图 2－11）如下。

1. 迭代法则

成功的品牌重建始于坦率和诚实。企业首先要摆正自己，放低姿态，抛弃以往僵硬而保守的反应方式，开放自我，走近消费者。

要让消费者重新接近自己，就要给消费者新的认识，重建良好的形象。人们只有察觉到企业发自内心的认真与真诚，负面舆论才会得到暖化，消费者冷漠的态度才会走向破冰。

2. 用户法则

网络时代的用户乐于把他们喜欢的东西分享给更多的人，带给他们快乐和惊喜。用户青睐的事物往往得到了用户不遗余力的传播和推广。

受欢迎的品牌之所以受欢迎就在于，其知道如何拉近品牌与用户的距离。用户是企业一切行动的指针，只有了解用户的需求、兴趣爱好，吸引用户积极参与到品牌建设中，品牌才能建立起更广泛的群众基础，才能在市场上深深扎根并焕发生机。

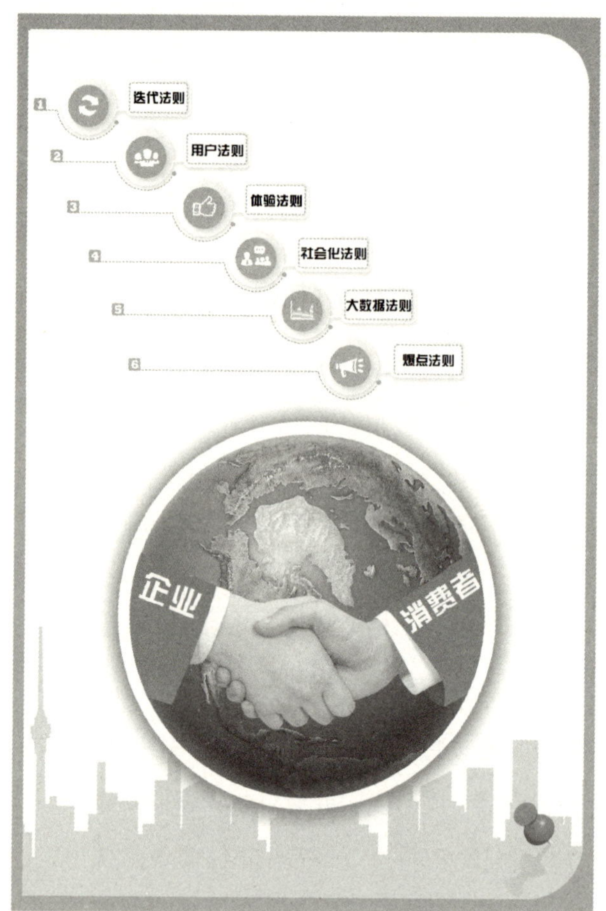

图 2－11　品牌重建的六大法则

3. 体验法则

产品高度同质化的时代，各大品牌都在热火朝天地改造自家产品和服务，为消费者创造更多新体验。与此同时，催生出一个新的标准：满足消费者的需求只是勉强及格，产品超乎消费者的想象，让消费者赞叹才能靠近高分。这就是体验的法则，不做则已，做就要做到一流。

品牌重建，可以沿着给予消费者更好的体验的路径，提升品牌的方方面面，给消费者带来更多的方便，带来更好的体验，让用户感受到品牌更多的改变。

4. 社会化法则

社会化媒体的海量用户中，有大批的品牌已有用户和潜在用户，这就注定了企业必然要踏入社会化媒体。企业要学会如何融入社会媒体的用户群体中，为自己占取有利位置。

社会化的法则就是善于倾听。倾听意味着走进用户内心，与用户进行平等对话，了解用户想要什么、用户对产品和服务有何意见。倾听用户的声音，找出进行友好沟通的路径，建立信任，以更灵活的方式重塑品牌与用户之间的关系。

5. 大数据法则

数据化时代，数据能够将人的状态、行动、思想观点、人际关系、产品和服务等一一进行量化分析的同时，也预测着趋势。数据化让复杂的事物变得精简可分析，帮助人们做出决策，激发人们的想象力和创造力。

如今，数据追踪着人在网络中的动向，整合着各领域的信息并进行精确分析。数据将消费者的行为量化分析，企业能够了解消费者的消费动向和消费喜好，了解他们的购买需求并发现潜在的需求，从而驱动企业根据被数据化了的信息，改善产品和服务的同时对准品牌用户，进行精准营销。

6. 爆点法则

爆点法则，就是不走寻常路，以非常规思维，借助能够引爆用户情绪的内容，制造话题和事件，点燃用户的热情和参与积极性，充分借助网络的传播优势，将品牌信息快速地散发出去，推动品牌成为热点。

网络上的爆点游走于现实世界和虚拟世界，推动着用户自愿自发参与信息传播，一旦热力全开，就会成为大众所瞩目的中心。

爆点式话题所带来的关注往往能推动品牌成为一时的风潮，借助爆点为品牌造势，也就成为企业品牌传播的一种大胆而直接的方法。

第三章

迭代法则：错了就认，认了就改

每个企业在决策的时候都会出现各种各样的错误引导，这是不可避免的失误，至于会不会给企业带来负面影响，就要看企业是如何处理这个失误的。

一般用户比较认可的方式是，企业认识到自己的失误之后，能够毫不避讳地承认错误，再以实际行动加以改正。这样的处理方式不仅不会给企业带来负面影响，反而能够帮助企业树立良好的形象。

案 例

星巴克暴利质疑事件

2013 年 10 月 8 日，《第一财经日报》刊发了一篇关于星巴克在华售价过高的报道，由此成为了舆论焦点。一时之间，跟风者此起彼伏，不断有媒体对此次事件作出新的报道。

星巴克官方回应称，星巴克在中国售价高的关键环节在于从港口运营到门店的环节上，税务、运输费用、中介费用等一些费用，严重增加了后勤费用的支出，于是，销售商把这些费用转嫁给了消费者，这才造成了售价过高。

另外一些人则认为，是星巴克抓住了中国人的消费心理，认为购买售价高的产品显得有面子，因而故意拉高品牌定位，目的是为企业赚取高额的利润。传统媒体的态度与之完全一致，认为星巴克牟取暴利。

对此，一些网民与消费者却有不同看法。他们认为这是市场经济的需要，而市场经济就是周瑜打黄盖，如果谁觉得售价高，大可不去消费，毕竟咖啡也不属于刚需产品，每个人都有选择消费的权利。

这个事件，到底是星巴克暴利，还是媒体的舆论暴力成为了争论焦点（见图 3－1）。舆论监督既是媒体的责任，也是义务，尤其是媒体监督体现在产品质量上时，可以最大限度地保障公众利益。而对于产品价格的监督，却是不能轻易去触碰的。因为产品的价格完全是由市场做主的，价格的高低体现在消费者的认可度上，觉得价格高的产品不去消费即可。毕竟，卖家也不会把一杯咖啡的价格定得超过一辆汽车的价格。

图 3－1　星巴克暴利质疑事件

建立危机反馈机制，力争 24 小时之内做出反馈

作为企业管理者，最重要的是理解所面对的现状，而不是将现状想象成自己期待的状态。“蝴蝶效应”表明，在面对危机的时候，应尽力解决它而不是将它转化，否则可能会带来更大的危机。

无论企业对自身的工作如何小心谨慎，如何维护外在的良好形象，都无法保证永远不出现差错。企业管理者的精力是有限的，不可能始终做一个面面俱到的“监察员”。人员或设备在长期的工作过程中，也难保不出现差错。而如果企业不能及时处理，无意的差错就会变为媒体和用户眼中故意的错误，这就会损害企业和品牌的声誉。

而面对媒体与用户的质疑，企业应力争 24 小时之内做出反馈，否则，质疑声会越来越大，使原本并不严重的事件因为企业没有及时做出回应而遭到更严重的质疑，从而激怒广大人民群众（见图 3－2）。

图 3－2　建立危机反馈机制

媒体与用户的质疑事件对企业的影响是巨大的。处理不当甚至会导致企业破产、倒闭的严重后果。因此，为了应对危机，建立危机反馈机制就是明智之举。在企业面临舆论压力时，反馈机制及时给出合理的应对方案，能避免对企业造成额外的损失，减少危机给企业带来的不良影响。

尤其对于大型企业来说，由于其规模庞大、事务繁杂，一些问题的处理流程会比较烦琐，而行动太慢就很容易给公众留下“店大欺客”的印象。这就更需要企业畅通沟通渠道，建立能够快速反馈的机制并由专业部门来应对危机。

2011 年 9 月，中国资本证券网接到举报称，四川绵阳市重点工程涪城万达广场在建设过程中，大量使用三无劣质钢材，给工程质量埋下了严重的安全隐患。9 月 27 日，相关媒体人员致电广场项目负责机构——万达商业管理有限公司，但工作人员表示不清楚此事。而大连万达商业地产股份有限公司和大连万达集团股份有限公司的电话甚至根本无人接听。

万达“质量门”事件曝光后，相关工作人员仅用一句“不清楚”就打发了事，部分重要的投诉电话干脆直接无人回应。“要铸造精品，质量重于泰山，高质量、高标准、高效率完成工程，将万达广场建成标志性建筑”，这是万达集团反复喊的口号，但出现公众关心的质量问题时，却连最起码的回应都没有，这实在是一种“讽刺”。

无论是万达集团刻意回避问题，还是只是一时的工作失误，其效率低下的应对行为都已经给广大媒体和公众留下了“傲慢无礼”的印象，这对于整个集团的形象无疑是一种重大的伤害。

危机的出现，有时是企业内部一些不合理的机制造成的，有时则是竞争对手的恶意竞争造成的。但不管原因如何，快速积极地反馈、处理都是很有必要的，这才是处理危机的最佳选择（见图 3 - 3）。

图 3-3 处理危机的最佳选择

如果是企业内部带来的危机，管理者就应该深刻思考该企业的运营模式是否合理，各方面的工作是否衔接到位等，由此制定一系列的对应策略来纠正不合理的地方。

对于竞争对手恶意的竞争产生的危机，企业应及时向媒体表明态度，坚定立场，用高质量的产品与服务赢得消费者的认可，让竞争对手散布的谣言不攻自破。

危机时刻，态度最重要

互联网的日渐发达以及公众自主意识的增强，让中国企业随时面临着考验。在考验面前，公众所看重的是企业管理者们的应对方法以及态度，因此，企业此时的应对被看作是一个企业真正价值观的体现。

当公众对一个企业的产品产生疑惑的时候，或出现产品危机的时候，企业应首先把细节说清楚，以此让公众信服，不仅仅是应付他们而已，要让他们充分了解到是哪个地方出现了问题。如果不是企业的问题，那么，经过此次事件，该品牌将会继续受到用户的追捧，甚至热情会超过以前。

因为，消费者对企业的信任是企业得以生存的根本。在出现危机后，企业的态度问题最为重要（见图3－4）。企业的良知，是永远把消费者的

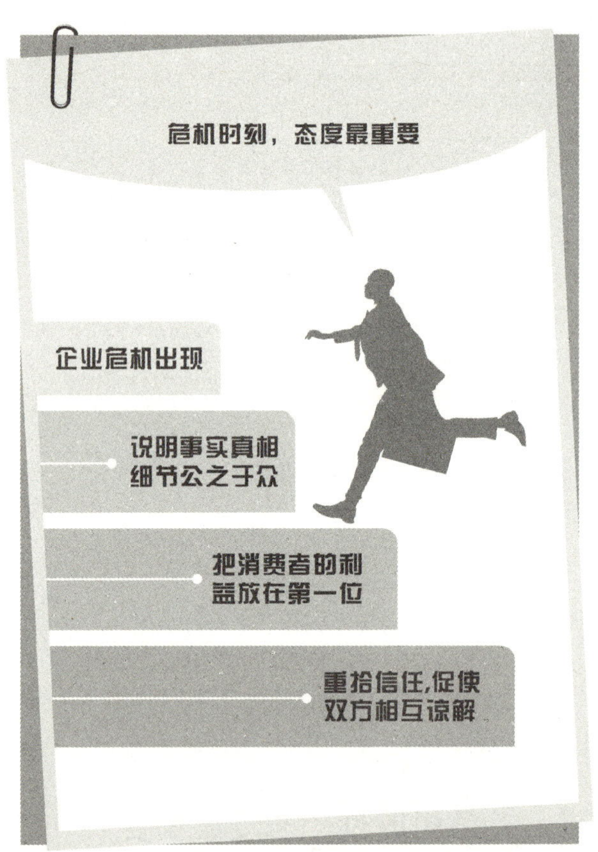

图3－4　危机出现后，企业的态度最重要

利益放在第一位，以此来赢取消费者的信任。其次，就是企业应懂得“舍得”，有舍才有得，企业利益被危机冲击的时候，最能体现一个企业的价值观和心态。

有些企业在面对危机的时候会因为一些顾虑而故意隐瞒一些事情，这样做只会适得其反。因为，由此引起的索赔、市场的不良反应等不会因为企业的隐瞒就消失不见，有时欲盖弥彰，反而会带来更大的危机。因此，选择信任广大用户，将细节公之于众是取得公众信任的前提条件，及时说明事实真相，促使双方相互谅解，从而消除用户的疑虑与不安。

在面对危机时，不管孰是孰非，企业的诚恳态度是公众最想看到的，也是最为关注的，遮遮掩掩和迟疑观望只会使事态恶化。

2009 年 8 月 24 日，丰田公司两家在华合资企业——广汽丰田、一汽丰田宣布，由于零部件缺陷问题，自 8 月 25 日开始，召回部分凯美瑞、雅力士、威驰及卡罗拉轿车，涉及车辆总计达 68 万辆以上。

就在这起在我国最大的汽车召回事件爆发后不久，2010 年 2 月，由于油门踏板和脚垫的原因，丰田再次宣布在美国召回 109 万辆汽车，在国内也有约 7.5 万辆 RAV4 被召回。召回事件频发使丰田在全球范围内面临着一场信任危机。

尽管危机爆发后丰田采取了及时的应对措施，甚至公司总裁在美国国会的听证会上也流着眼泪表示会对事件负责，但是众多媒体和消费者并未因此改变对丰田的指责。“道歉来得太迟”“道歉态度不好”“中美车主待遇不同”等负面信息依旧不断，这些都是丰田公司的危机公关态度不端正所带来的恶果。

任何一家企业，都不可能保证自己的产品永远不出现问题，对于结构复杂的汽车来说更是如此，因此各国才会推行汽车召回制度，只要处理得当，此事是能够获得舆论谅解与支持的。所以，丰田“召回门”带来的一系列负面影响，主要都是丰田公司过于“拖拉”引起的。

对于消费者来说，企业危机是对企业的一次检阅，如果企业在危机面前敢于承认错误、承担责任，表现出应有的气度，他们也会愿意去谅解，甚至还会对企业更加信任和满意。否则，企业付出的代价将不可估量。所以，诚实和认真负责是企业面临危机时最根本的态度，没有讨价还价的余地（见图3-5）。

图3-5　企业在面临危机时的态度

“微”时代，做好快速碎片化舆论引导

“碎片化”是当前社会信息传播语境的形象性描述，新兴媒介的兴起，让网民的多元意见散布于互联网环境中，引起广泛的信息互动与交流，这就是“碎片化”语境最直接的体现。

这种“碎片化”舆论是由当前社会的生活差异和多样化、社会阶层细分化所引起的一种现象，对社会既有积极的影响，也有消极的影响。

积极的影响表现在两个方面：第一，丰富了网络信息内容，促进信息获取和互动；第二，刺激产生新型网络营销模式，即碎片化营销。

消极影响表现在导致信息散乱，加重信息“污染”，降低了有效信息的识别度，导致权威观点的缺失和网民的观点盲从。

由此可以看出，“碎片化”舆论既可以起到积极作用，也可以起到消极作用（见图3－6），那么，企业可否引导这些碎片化舆论来为自己的产品做积极的推广呢？从以下几个方面入手，即可正确引导碎片化舆论：

第一，完善舆论引导工作机制，整合受众意识。为了保证网络信息环境的有序进行，政府和一些主流媒体对杂乱无章的公众言论进行梳理，整合受众意识，来引导舆论倾向。

第二，培育网络舆论主体，引导主流信息消费。积极主动地与意见领袖建立密切联系，运用各种形式加以科学引导，使信息变得有序，避免造成信息传播系统的紊乱。

第三，培养网络舆论引导专业人才，提高网编人员的舆情分析能力。

第四，掌握网络舆论信息的传播规律，提高媒体的网络舆论应对能力。

第五，加强网络信息监管力度，规范网络舆论环境。

图 3-6　“碎片化”舆论的影响

不断重复正面信息

企业在面对危机时，应以积极的态度向媒体和用户不断重复正面信息。

这样做的目的是让用户记住这些正面信息，以此消除他们心里对某个品牌的不好印象。因为人的记忆是短暂的，尤其是跟自己没有太大关系的事情。当一个企业在处理危机时发布的一些正面消息，消费者无意中看了一眼，很快就会忘记。这样，企业发布的消息就达不到理想的效果，于是只能通过不断地重复此类消息来加深消费者的记忆，记住这些正面消息，可以引导他们以后的消费选择。

就像电视上的广告，如果只播放一次，那么几乎没有人能够记住，如此一来，广告也就失去了它的意义。因此，不断重复企业的正面消息很有必要（见图3-7），但是也要讲究方法，否则会适得其反。

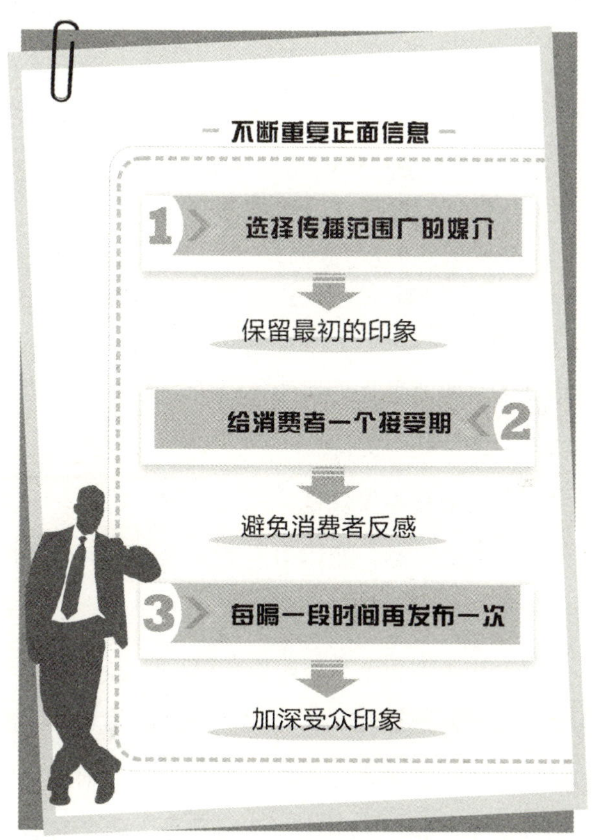

图3-7　不断重复正面信息

首先，应该选择一些传播范围广的媒介来做宣传，根据人们记忆的特点，在最初宣传的阶段要不间断地发布正面消息，让用户保留最初的印象。

其次，暂停宣传一段时间，给消费者一个接受期，也避免因为重复频率太频繁让消费者产生反感。

最后，每隔一段时间再次发布一次此类消息，加深受众印象，直到他们记忆深刻为止。

因为广告的不断重复，让消费者记住了它，有些广告能够让消费者记住很多年也不会忘记，就是因为重复宣传。企业宣传正面消息也是一样，需要不断重复来让用户记住。

传达靠谱的消息

企业在处理危机时，发布一些消息来证明自己的清白或者表明自己的态度等，务必保证传达的消息是确切的。因为，企业发布消息的目的是取信于用户，赢得用户的信赖与支持。

企业传达给用户的消息不仅仅是让用户了解、铭记，一个消息的内容同时也反映了一个企业的内涵，能让用户更多地了解该企业的发展故事及未来走向。企业处理危机时的消息则能够看出一个企业的态度——是把企业利益放在第一位，还是把消费者利益放在第一位。

因此，无论是出于何种目的，发布什么类型的消息，其实都是间接反映一个企业的运营模式，将企业直观地展现在用户面前。理性的用户会通过这样的消息来判断企业的真实意图——究竟是为消费者着想还是仅为企业的利益考虑。所以，企业在发布信息的时候要充分考虑到用户的感受，至少要保证所发布的信息是靠谱的，不是虚假的，以免影响企业的信誉，失去民心。

靠谱的消息包含真实性、时效性、思想性以及简明性的特征。只有真实的消息才能让用户相信，但是过期的真实消息却没有任何意义，因此，企业在保证消息真实的同时也应保证消息的时效性。

其次就是思想性与简明性，用户所愿意接受的消息必定要含有一定的思想内容，但是也不应太过啰唆，要便于用户记住与接受，要简洁明了（见图3－8）。企业如此发布的消息才是靠谱的消息，才能为企业带来积极的作用。

图3－8　靠谱的消息

第四章

用户法则：没有需求，只有追求

企业如果单靠用户的需求来制造产品的话，那么销量是不可能创造新纪录的。真正有作为的企业应该主动让用户追求自己创造的品牌。

要做到这一点，企业要通过合理的途径来了解用户的潜在需求，创造出符合他们需求的品牌，让他们渴望拥有，也就迎合了他们的消费心理，同时也为企业创造出更大的发展空间。

案 例

青春小酒——江小白

青春小酒——江小白是由重庆江小白酒类营销有限公司推出的一款新型白酒。公司成立于2011年，于2012年3月推出了这款酒。

它以青春的名义创新、创意、颠覆，弥补了中国传统酒业的保守与不足之处，展现了当代鲜活的人文情怀，认定中国酒业时尚化、低度化的长远发展趋势，着力于对传统酒业的品质创新和品牌创新，使中国酒业年轻化、时尚化、国际化。

江小白不仅在理念上符合现代人的消费观念，其酿造的酒也充满着时尚气息，可在酒中加入各种饮料，不论是茶类饮料还是果汁类饮料，都会有全新的口感体验，让不会喝酒的人也可以品酒，满足了每个消费者的需求。

青春小酒——江小白的成功源于其吸引人注意的品牌特点。“草根型，文艺心，追求简单生活”是现在大多数年轻人的真实写照。（见图4－1）因此，他们从看到这一品牌那一刻，就已经被吸引了。事实也证明了这款青春小酒确实深受现代人的追捧，曾被评为“2012中国酒业风云榜年度新品”和“2013中国杰出营销人金鼎奖”等。

以此来定义青春小酒的概念，无疑是成功的，锁定了消费人群，为其后期的销售做了很好的铺垫，让消费主力军“80后”对江小白青睐有加。

图 4－1　青春小酒

客户到底要什么

客户是企业生存的根本，再好的产品，如果缺少客户的支持，也无法使企业赢利。因此，企业在研究一件新产品的时候，首先应考虑客户需要什么样的产品，做出来的产品是否会得到客户的认可。

中国目前大大小小的企业很多，生产的产品也是层出不穷。但是，真正能够成为热销的产品并不多，很多产品逐渐被淘汰。那么，客户到底需要什么样的产品呢？（见图 4－2）

图 4－2　客户需要的产品

客户真正需要的是具有核心竞争力的产品。

核心竞争力，就是品牌具有在当地区域可持续发展的赢利能力，包括产品力、营销力以及传导力。

产品力指的是产品的质量与效果保证，以及后期的产品与市场的准确定位、产品的成本控制等。这样优质的产品才是销售的根本，也是客户需要的最优质的资源。

营销力指的是产品的出售情况。企业与客户的合作不仅仅局限在产品上，同时也为客户提供一些积极的促销方案，让客户与该企业建立长期的合作关系。

传导力指的是企业帮助客户对零售终端进行建设、规划、包装以及宣传和推广，让该产品更快地流通于消费者中间，促进产品的长期销售。

综上所述，客户需要的不只是产品本身，更重要的是随之带来的核心竞争力。由此，唯有为客户带来核心竞争力的产品才是企业该考虑的。

让用户参与到品牌重建中来

一个品牌确立的最终目的就是受到消费者认可，只有消费者认可的品牌才有市场价值。

那么，能否让用户参与到品牌的重建中来呢？答案是肯定的，而且会带来很多积极作用。（见图 4 –3）

首先，现在的大部分用户追求的不只是产品本身，更多的是参与感。参与感能够让他们得到一种心理上的满足，而这才是一个品牌能够持续发展的动力。

如果让用户参与到品牌的重建中来，可以让用户直观地看到品牌从设计到产品的生产、包装，从而让他们认可产品的质量。这样不仅会让用户自身体会到参与感，还能为品牌做很好的宣传。因为，由用户自己设计的产品更能快速地打开市场。

其次，让用户参与到品牌的重建中来也可以节约企业研发项目的时间。企业能有更多的时间去开发更多的产品，为企业创造更多的利润，从而开发出更高端的产品回馈给消费者，这是一个良性循环。

最后，让用户参与到品牌重建中来，可以使该品牌在问世之前，就已经奠定了一定的用户基础，让以后的推行变得简单。

因此，企业应该鼓励用户参与到品牌重建中来，不论是对消费者、品牌本身还是企业，都有一定的积极作用。

图 4-3　让用户参与品牌重建的积极作用

随着时代的发展，消费者的消费理念也不断发生变化。最初，消费者是根据产品功能来进行决策的“功能式消费”；其后，因品牌逐渐得到重视，人们的消费方式进而发展为“品牌式消费”；而随着品牌的饱和，消费者更加注重真实的使用体验，“体验式消费”逐渐成为主流；而到现在，消费者自主意识不断加强，他们更希望与品牌有密切的联系，最终形成了“参与式消费”。

小米的创始人雷军说过：“小米销售的是参与感，这才是小米背后的真正秘密。”作为众人瞩目的品牌，小米可以说是由企业和广大用户、粉丝共同铸就的。

小米自品牌创立之初，就意识到了市场已经步入了“参与式消费”的时代，因此一开始就让用户参与到产品研发过程中来，包括市场运营。让用户参与，满足年轻人“在场介入”的心理需求，抒发“影响世界”的热情，这也是小米手机每次推出新品后都被抢购一空的原因。

在小米成立的数年时间里，用户的参与感实践在不断深化，不仅仅局限于产品和营销，而是扩展到了整个公司的经营活动中。小米内部建立了一套完整的依靠用户反馈来改进产品的系统，小米没有 KPI（关键业绩指标）或是考勤制度，一切工作的驱动力并不是来自业绩考核，也不是老板的“独裁”决定，而是真真切切的用户反馈。

用户的所思所想能确实反映在小米的产品和品牌形象中，小米开展一系列线上线下的活动都使众多“米粉”乐在其中，强化了其主人翁意识。在广大“米粉”心中，自己不单单是客户，同时也是小米品牌的一员。

让消费者参与到品牌重建中，是市场思维和用户思维的终极体现。通过这种方式建立起来的品牌形象，能够真实反映市场需求和用户心理，必然会受到广大用户的欢迎和追捧。

让消费者做企业品牌传播的种子

企业的品牌要渗入消费者的日常生活中才是品牌建设的最终目的，企业究竟要如何做才能把品牌渗入消费者生活中，并且让宣传成本降到最低呢？那就是让消费者做企业品牌传播的种子。这样，不仅有利于企业品牌的宣传，而且还能为企业节省很多广告费用，让企业把资金重点放在对品牌的研发与产品的质量上面。

传统的品牌推广是由企业对品牌进行规划、定位之后，根据产品的服务或功能来给消费者做一个描述，让消费者跟着企业的宣传思路来了解该品牌。这样做的结果是，若是有一部分消费者对该企业的广告不感兴趣，就很难让他们去了解产品甚至接受产品，从而造成一部分消费者的流失。

互联网特性，让消费者群体的区分日渐清晰，某一类消费群体热衷同一品牌或某些产品。这种消费共通性，导致围绕某个品牌自发地吸引了某一类消费群体，即品牌形成了社群。品牌社群内的消费者之间都是有联系的，这也让他们拥有了话语权，因此，通过他们对品牌进行传播会很方便而且更有效。（见图4－4）

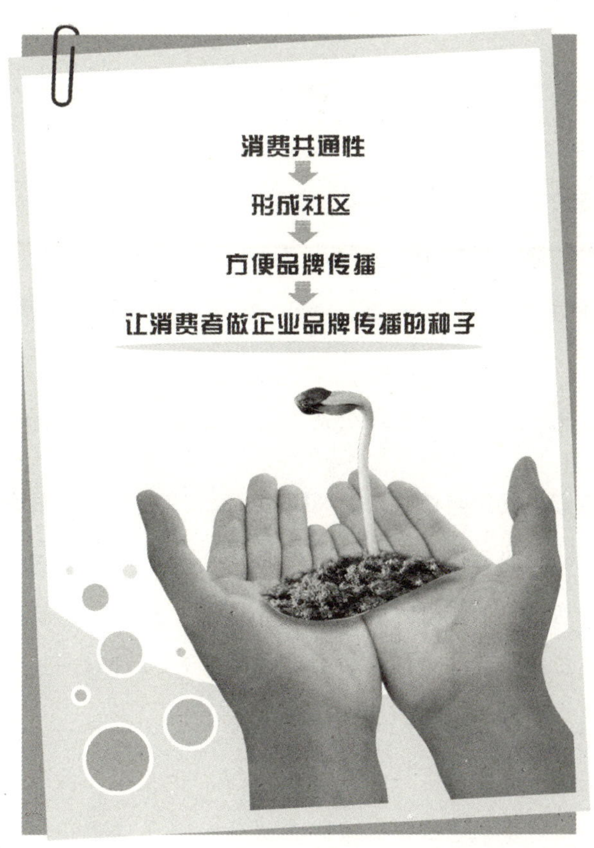

图4－4　让消费者做企业品牌传播的种子

消费者从过去被动接受某一品牌，到现在可以自主选择产品，并拥有评价的权利，让他们成为品牌的忠实拥护者、建议者、参与者与评价者。这一角色的转变，让消费者真正成为品牌传播的种子。

让消费者成为企业品牌传播的种子，关键是要制造话题，以超乎想象的服务或活动在典型消费者中制造口碑，这样才能更好地引导消费者的自主传播。

例如，现在有许多乳制品企业会邀请消费者免费到大草原参观，全程体验产品原材料的生产及加工过程。食品加工企业也会邀请消费者到工厂参观食品生产流程，目的之一就是获取消费者信任，制造正面的口碑传播。

丹麦玩具品牌LEGO在2005年曾邀请了4名品牌粉丝访问公司，这4名粉丝因此在网络社群中获得了极高的声誉和地位，他们在杂志访问中畅谈了自己的独特体验。

一年之后，LEGO再次邀请了10名粉丝访问公司，然后将他们的名字印在了产品包装上，并宣称是“LEGO品牌粉丝设计”的产品。

这些让粉丝满怀自豪感的活动大大促进了品牌的口碑传播。

对粉丝的充分信任与尊重，是LEGO获得广大消费者自主传播的原因之一，这些活动的效果往往比斥巨资推出的广告更有效。

这一类活动实质上是品牌对话管理、接触管理、透明管理三大理念的体现，通过让品牌用户同品牌进行深层次的对话与接触，最大限度地展现企业内部形象，从而获得他们的信任与认可。

在对话中，要保证双方具备同等发言权，企业不必低声下气，但更加不能趾高气扬。在接触形式上，可以多样化，不必局限于企业内部参观这种形式，还可通过微信、微博等手段进行线上接触。无论形式如何，进行接触和对话的原则是不加掩饰地展现企业和品牌形象，只有真实的东西才能触动消费者的心。

只要能遵循以上品牌塑造方针，就能自然而然地将典型消费者培养为品牌传播的源头，加强品牌的口碑传播。

管理和引导网络社区的“意见领袖”

在越来越多的企业公共事件中，网民的参与度日趋增长，影响力也日趋扩大，产生了巨大的舆论力量，改变了很多事件发展的结果。这一借助网络等新媒体来发表言论的群体被称为“新意见阶层”。

从最初的论坛、社区，到现在的微博、微信，让网民发表言论的空间日趋开阔、公开，这一“新意见阶层”的言论被称为“一种可观的舆论潮流”，众多网民的“围观”行为让这一趋势得以稳定。

那么，是不是普通的网民就可以改变或影响一个事件发展的趋势与结果呢？并非如此。具有影响力的是那些言论的发起者，即“意见领袖”。中国的意见领袖最初是由知识分子构成，后来因为互联网的快速发展和普及，让许多草根网友、商人、娱乐明星等也加入了意见领袖的行列，队伍不断壮大，意见领袖渐趋多元。

在网络意见领袖群体的驱动下，意见领袖群体内部各主体之间、意见领袖群体和普通网民之间，逐渐形成了一个虚拟的社会网络。这个虚拟的社会网络在政策决策过程中发挥着越来越重要的作用，一定程度上让品牌与用户之间产生了良性的互动（见图4－5）。

例如，现在有些消费者在购买电脑时会上一些科技论坛，购买汽车时会上一些汽车类的门户网站，在那里看帖或是发帖来搜寻相关的意见、建议，而这些论坛或门户网站中的知名人士、活跃人士的意见有时堪比专家

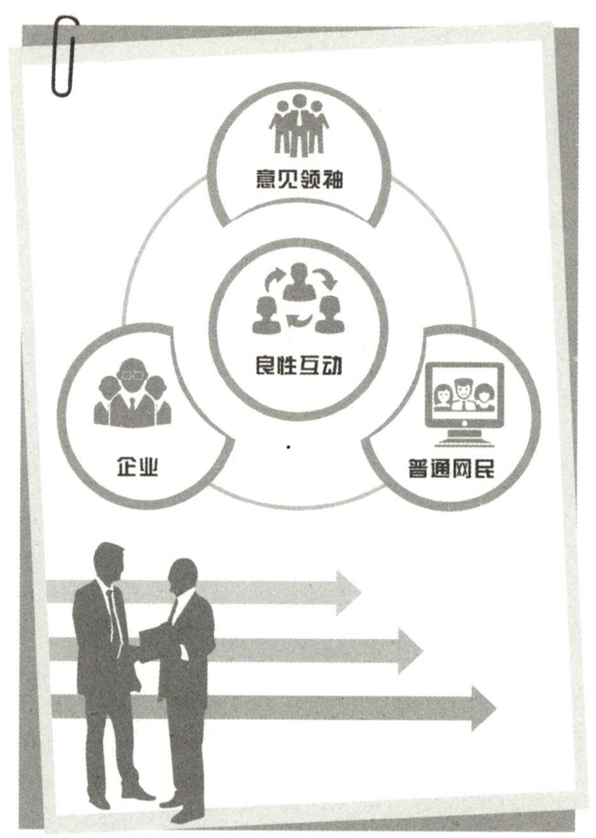

图 4－5　社会网络让品牌与用户间良性互动

的意见，对于消费者的购买决策有着重大的影响。

意见领袖群体既然有着如此巨大的影响力，那么，企业在进行品牌传播的过程中是否可以利用这些群体来为该品牌做宣传呢？企业可以主动引导他们来为该品牌做推广，通过这些意见领袖群体来引领消费者了解品牌，其效果远远好于广告宣传。

需要注意的是，这些意见领袖在代言品牌时只是信息的传递者，并不清楚企业需要把该品牌往哪些方面渗透，这就需要企业去引导与管理他们的传播方向（见图 4－6）。

管理和引导网络社区的意见领袖，关键是要让他们发出真实的声音，

图 4－6　管理和引导意见领袖

而不是用一些利益去“贿赂”意见领袖。“强扭的瓜不甜”，违心的观点无法真正触动广大用户并使他们认同，如果败露甚至会发展为品牌的丑闻。

正确的管理和引导意见领袖的做法应当是“招安”，而不是“收买”。比如，某品牌汽车企业在新车发布前，就请了某知名门户网站的几位权威人士参与了新车试驾活动，并请他们将具体的体验、心得、意见等写成一篇完整的文章发布出来。这一策略引来了不少网友的高度关注，既为新车发布进行了预热宣传，也奠定了良好的口碑基础。

除此之外，企业甚至还可以自发培养舆论领袖，让具备相关专业知识的人员长期“驻点”在相应的网站中，并不断提升自身的发言权。这样，一旦企业需要进行相关的口碑舆论引导时，可以用“自家”的意见领袖来为企业造势。

当然，运用意见领袖的力量，关键还是产品和服务过硬，将最真实的信息展示给广大消费者。意见领袖的作用是方便展开口碑传播，绝不是为企业和品牌做一些名不副实的虚假宣传来误导消费者。

关注“85后”“90后”人群

在网民众多的现代社会，很多新闻都是最先在网络上流传开来的，而在这些网民中，大部分都是“85后”“90后”。

这两个年龄段的人群接触互联网相对较早，多数已走上了工作岗位，在经济上有一定的独立性，在思想上也有自己独特的见解。他们的想法与消费习惯具有一定的代表性，因此，在引导意见领袖群体为企业推广品牌的时候，一定不要忽略了“85后”与“90后”（见图4－7）。

这两个人群是各类品牌的主力消费人群，并且会持续影响人们总体的消费习惯。现在很多企业家都属于非常年轻化的一代，他们中的中坚力量在引领着这个时代不断进步。

这两个人群是新时代的产物，很多新事物都是伴随着他们的成长而到来的，这也就造成了他们兴趣广泛，思维活跃，具有不断创造新事物的能力，并能快速接受新事物，这对企业推广新品牌有很大的助推作用。

企业从这两个人群入手，先让他们接受自己的品牌，使他们在使用过程中潜移默化地影响他们身边的人，进而让更多的人接受这一品牌。这对一个品牌的建立有很大的帮助，因此，在研发与推广过程中应多考虑这类人的思维与消费习惯，迎合他们的消费观念，也就迎合了市场上大部分的消费群体。

图 4－7　“85 后”与“90 后”人群

用互联网工具增强“粉丝”黏性

任何企业都希望拥有越来越多的客户，所有客户都依赖该企业的产品。在互联网快速发展的今天，企业可以通过以下几个方面，用互联网工具增强粉丝对企业的黏性（见图 4－8）。

1. 企业对粉丝的吸引方面

（1）粉丝的第一印象很重要。当一个用户第一次访问企业网站的时

图 4-8　用互联网工具增强粉丝对企业的黏性

候，开始的 3～10 秒很重要，决定了用户是否对该网站感兴趣，网站内容是否符合他们的消费理念等。企业所呈现给用户的第一印象应该是深刻的，只用一个方面就抓住用户的心是最好的。

（2）用赠品来打动用户。设计出与产品相关联的赠品来增加产品的附加价值，赠品不需要昂贵，精致或者实用最佳。在网站首页上显示，最能夺人眼球。

（3）展现产品的战绩。把销售火爆的商品展示出来，让用户对该商品有一个全面了解。

（4）建立与该网站相关联的子网站。子网站的功能是让企业与粉丝们互动，及时与粉丝分享动态信息，重视粉丝的感受。同时，也让他们关注新产品、优惠价等。

（5）留下通信工具。如邮箱、QQ、微信、微博等信息。粉丝们有任何问题都可以主动咨询，这样会使他们对产品更加放心。

2. 对用户行为进行分析

对用户的行为进行分析，应从这几个方面入手：用户的群体特征、使用频率以及使用时间。了解了用户的这些习惯，企业才能有针对性地采取措施吸引用户。这些可以从用户的访问量、访问频率以及购买情况进行了解。

把品牌价值建立在用户价值之上

品牌价值是品牌管理要素中最为核心的部分，也是品牌区别于同类竞争品牌的重要标志。一个品牌具有价值时，用户才会认同该品牌，才会选择消费该品牌。于是，很多企业就把品牌价值放在第一位，而忽略了用户价值，从而让该品牌走进了“死胡同”。

出现这种现象的原因是，品牌的价值是用户推动的，只有用户认可了该品牌，它才会有价值。用户对品牌价值具有决定性。

用户使用该品牌的产品满意度是建立品牌的基础，在为某个品牌做广告宣传的时候，一定要转变思想，要把品牌价值建立在用户认可度上，而不是只放在品牌自身的宣传上。用户选择一个品牌的产品不仅仅是看产品的质量与功能，还包括产品售后提供的服务，产品开发的延续性，及其整体上能不能满足当前和未来用户的需求等。

品牌的广告宣传只是让用户了解了产品的基本特性与功能使用，并不能说明该品牌有什么优势。而用户之间的口碑是一个品牌优质最有利的证明。一个品牌被广大用户认可之后，让用户和企业之间建立起足够的信任，这对于该企业后期研发新的品牌有很大的帮助。

因此，当一个企业越做越大时，会选择在品牌的建设中投入更大的力量，通过品牌的影响力来带动产品的销售与企业的发展，从而为企业带来巨大的经济效益与社会效益，这就是品牌价值的最终体现（见图4－9）。

图4－9　品牌价值的最终体现

打造品牌“粉丝”社群

2013年12月21日，青春小酒江小白举办了“2013年同城约酒大会”。在这个名曰“约酒”的大会上，江小白的“粉丝”们聚集在这里，大喊“我是江小白，生活很简单”的青春口号，为江小白做宣传。

可以说，“江小白”是在社会化媒体之上建立的品牌。“江小白”的出现满足了现代年轻人对酒的需求。

Roseonly花店同“江小白”一样，都是利用粉丝创立的品牌。

为了打造第一批铁杆“粉丝”，Roseonly花店的蒲易在自己的朋友圈中预售99盒情人节玫瑰，搜狗的王小川、新希望的刘畅、世纪佳缘的龚海燕积极参与转发互动，最后销售一空。这打造了Roseonly花店高大上的形象。而在情人节之际，其又利用张亮父子、李小璐做微博营销，吸引了几十万的“粉丝”。

Roseonly花店的“粉丝”在体验到产品以后，会在微博上展示自己的使用体验，甘愿当起推销员的身份。

对于企业来说，会利用互联网思维，就会利用“粉丝”经济。利用“粉丝”把自己捧起来，打造属于自己品牌的“粉丝”社群。

同明星一样，无论是“江小白”还是Roseonly花店，都是在“粉丝”的作用之下发展壮大的品牌。

互联网时代，倡导“粉丝”经济，企业似乎有“粉丝”才有未来。把“粉丝”变成消费者，把消费者变成“粉丝”，在“粉丝”的强大聚集作用之下，维护发展品牌。这成了互联网思维之下的成功之道（见图4－10）。

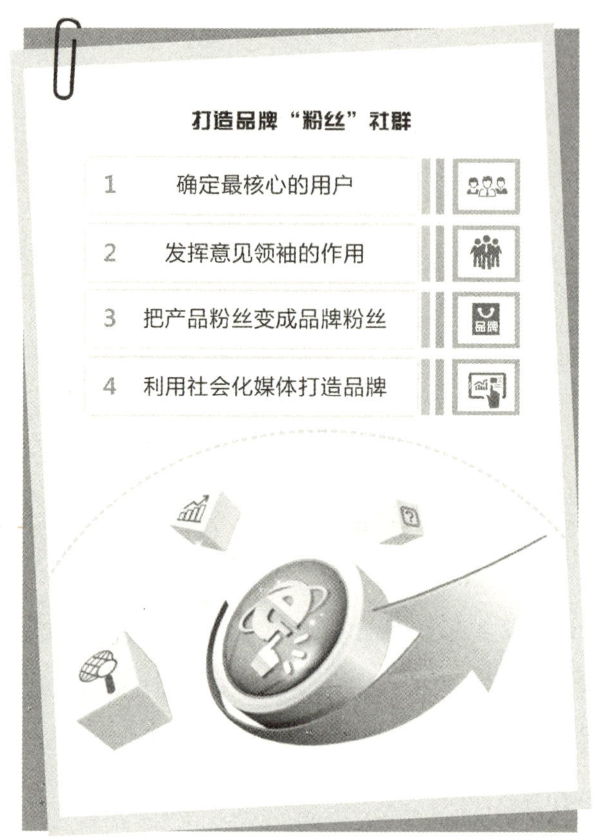

图 4－10 把用户变为粉丝

首先，企业在最初的品牌创建的时候，要确定最核心的用户。确保这个用户群能够充当意见领袖的作用，可以带动一定范围内的消费。正如，“江小白”在创建的时候，将自己的目标客户定位在标新立异的“80 后”“90 后”的文艺青年身上，依据他们的气质，打造标榜年轻、自嘲、文艺的青春小酒。

其次，在意见领袖的带动下，向其他范围的用户辐射。“江小白”的口号是“青春小酒”，面向的用户是“80 后”“90 后”的年轻人。随后，又波及“70 后”，甚至“60 后”等一批青春的怀旧者。Roseonly 花店也是如此，先有名人带动，再由名人扩展到其他用户。

再次，把产品“粉丝”变成品牌“粉丝”。企业做产品容易，但成就一个品牌并不简单。把产品的拥护者变成品牌的拥趸。“我是江小白”是酒，但是，它并不仅仅是酒，它具体的形象和口号，是年轻一代精神追求的写照。Rosenoly 花店不仅是花店，更是真爱的象征。

最后，利用社会化媒体打造品牌。自媒体时代，人人都是媒体，其传播范围的广泛性和高效性，扩大了企业的受众范围。对于企业来说，品牌的维护和重建离不开社交媒体。“聚粉”需要通过社交媒体，企业要利用社交媒体同“粉丝”进行互动交流，线上线下相沟通。

总之，互联网思维之下企业的品牌要符合用户思维，用极致的产品和服务打动用户，用互动引导用户参与品牌推广，把以利益为纽带的消费关系变成以情感为纽带的追捧互动。

第五章

体验法则：打造全新的品牌体验

真正具有竞争力的品牌绝不是靠仿造或模仿，打造全新的品牌才是企业为之努力的方向。用户都有喜新厌旧的消费习惯，一个品牌使用时间久了，就会想尝试新品牌。不断推出全新的品牌让用户体验才是赢得更多用户与维持用户支持率的最有效途径。

案例

“三只松鼠”的品牌体验

安徽三只松鼠电子商务有限公司成立于2012年，是一家以坚果、干果、茶叶等森林食品的研发、分装以及网络自有B2C（商对客）品牌销售为主的现代化新型企业。

这是一家只做互联网销售的品牌，因为通过互联网销售极大地节省了成本，让消费者能够以最低价购买到产品。“三只松鼠”被定位为“互联网顾客体验的第一品牌”，通过互联网缩短了商家与客户的距离，让客户快速享受到最新鲜的食品。

同时，这也是一家非常年轻的公司，整个团队成员的平均年龄为23岁，给公司注入了无限的活力，在其上线仅仅65天时，其销售业绩跃居天猫坚果行业第一名、花茶行业前十名，如此快速地发展创造了中国电子商务历史上的一个奇迹。

“三只松鼠”在如此短的时间内就取得了如此巨大的成果，只是偶然吗？其实这是章燎原10年时间研究的结果。任何成功都不是偶然的，都是经过辛勤的努力换来的，当然也要有看清未来的眼光。

章燎原之所以能够成功，就是因为他认识到了电子商务的发展趋势，把传统销售搬到电子商务上来，既节省了成本投入，又符合了现代消费者的消费需求（见图5-1），因此，刚成立几个月的公司销售额就突破了百万元。

“三只松鼠”的品牌理念以及运营模式顺应了当今社会的消费需求，让消费者接受了其设计的品牌体验，于是取得了成功。

图 5－1　电子商务符合了现代消费者的需求

行动胜于承诺

企业在创立之初，为了赢得消费者的信赖，总是会以各种美好的承诺来吸引消费者。这是一个很好的宣传手段，但却不是一条可以持久发展的道路。要赢得更多消费者长久的信赖，只有通过具体的行动才能实现。

因为承诺只能够吸引一部分消费者一段时间的支持，大多数的消费者需要的是企业为他们提供更好的产品与服务，这样才能让他们持久信赖下去。一个没有使用价值的产品，即使宣传得再好，给出再好的承诺，也不能让消费者产生购买的欲望。

如果企业承诺的事情最终没有达到，那么就会失去消费者的信赖，企业也会无法经营下去。因此，企业在最初的运营阶段应该谨慎给出承诺，不能仅仅为了暂时吸引消费者而给出无法兑现的承诺，这样做最终只会适得其反，让企业陷入困境。

企业的行动永远胜于承诺。真正为消费者考虑的企业，会设计出方便消费者使用的产品，有了这样的产品才会让消费者的生活变得更加简单方便，加上后期提供的售后服务，使消费者可以放心购买、使用，这样的企业一定会得到消费者的拥护（见图 5－2）。

图 5－2　行动胜于承诺

行动才能产生结果，才会真正让消费者受益。消费者也都是从结果来看待一个企业是否值得信赖的。消费者一旦信赖某一个品牌的产品，那么，这个企业也会因为这个品牌而获得更大的利润。

打造紫牛产品：好产品会说话

紫牛产品就是能够让消费者眼前一亮的产品。具有创意的产品总是会吸引消费者的眼球。

"紫牛"的概念最初是由雅虎全球营销副总裁赛斯·戈登提出的，他还为此特意写了一本书，名字就叫《紫牛》。他在书中提到，有一次他去北欧旅游，看到满山遍野都是毛皮光滑、黑白相间的奶牛，觉着很壮观、很漂亮，但看得多了就没什么感觉了。他想到如果这时候出现一头紫色的奶牛，恐怕一辈子都会记住这个场景。

赛斯·戈登用"紫牛"这一概念阐述了一种让消费者过目不忘的产品理念和营销方式。具有生命力的产品或服务就像黑白奶牛群中冒出的"紫牛"一样（见图5－3），这是一个形象贴切的比喻。

赛斯·戈登还特意指出，"紫牛"未必比黑白奶牛更好，也许它的产奶量更低，但是却能给人留下久久不能忘怀的深刻印象。紫牛产品也是一样，也许有各种各样的不足，但是却有特别突出的、深深吸引消费者的部分，对于企业和消费者来说，这样的产品才是真正的好产品。

事实上，任何产品都不可能真正做到完美无缺，不同需求的消费者会给同一件商品截然不同的评价。如果仅仅追求不同消费者的需求平衡点，更容易令产品变得平庸，直至默默无闻。打造亮点在很多时候都比弥补缺点更加困难，不过有亮点的产品却比没有缺点的产品更容易抢占市场。

图 5－3　黑白奶牛群中冒出的紫牛

企业之间的产品竞争越来越激烈，仅仅满足消费者的需求已经不能够适应消费者的消费习惯了，他们需要的是能够打动他们的产品，让他们能够发自内心地喜爱并认可这个产品。这样的紫牛产品才有市场，才会为企业带来利润。

乔布斯设计的每一款产品都是当之无愧的紫牛产品，他不屑于设计"黑白奶牛"。乔布斯尽管注重消费者体验，但却不会轻易采纳他们提出的建议，因为他认为绝大部分消费者总会受到现有产品的影响而提不出特别具有创造力的建议，所以他对于消费者发来的电子邮件建议总是简短地回应："不，你不需要它。"

从他手中诞生的产品，如 iPod（播放器）、iPhone（苹果手机）、iPad（苹果平板电脑），无论在外形上、功能上，还是在设计理念和使用体验上，都是那么与众不同，让人欲罢不能，因为市场中完全没有与之相似的产品。

乔布斯设计的每一款苹果产品，总能彰显自身的存在感，让消费者抢着"抱"回家，其营销的方式、技巧等在此刻反而显得不那么重要了。

"边缘切入、单点突破"的产品（见图 5－4）才容易打动消费者，微信里面的一些很简单的游戏，不需要用户思考，只要重复去点击即可，这样简单的游戏反而轻易获得了用户的喜爱，这就是紫牛产品。

图 5－4 "边缘切入、单点突破"的产品

另外，当一种产品做到足够“紫牛”的时候，可以通过这款产品将“紫牛”的精神贯彻下去，通过以点带面的方式让整个企业的品牌进入“紫牛”行列。最常见的就是腾讯QQ，当QQ成为紫牛产品之后，由此衍生出的其他产品，如腾讯视频，以及腾讯旗下的几十种游戏，都是由QQ带动起来的，它们也都成为了腾讯旗下的热门应用产品。

但是，传统公司却不易做出紫牛产品，因为传统公司注重的是严格的流程，各个部门之间相互制约，难以实现创新。只有一个公司的总裁亲自参与设计一个产品，自上而下产生一种压力，才能做出紫牛产品，对于传统公司来说其创造的利润与发展前景都是巨大的。

因为，好的产品自身就有一种魅力吸引消费者，企业可以通过它以最小的宣传成本收获到最大的利益。

供应链升级，提升用户物流体验

随着企业市场竞争的进一步加剧，用户的最终需求决定企业的生产制造、营销方向。消费者是推动企业发展的动力，这也促进了企业之间的合作。物流供应链软件应运而生，逐渐成为企业现代化的核心。

一个企业从生产一个产品开始，就需要与其他企业合作，其贯穿从采购原材料到半成品到最终产品，再经由销售网络把产品送到消费者手中的全过程。由此，将供应商、制造商、分销商以及零售商连结成一个整体，这就是供应链（见图5-5）。

可以说，物流供应链化程度的高低，决定了现代企业的发展快慢。供应链化程度越高的企业，销售能力就越强，用户也会更倾向于选择该企业的产品。供应链的产生，将一个个独立的企业联合在一起，形成了利益共享、分工更细、联系紧密的企业产业链。因而弱化了企业之间的边界感，

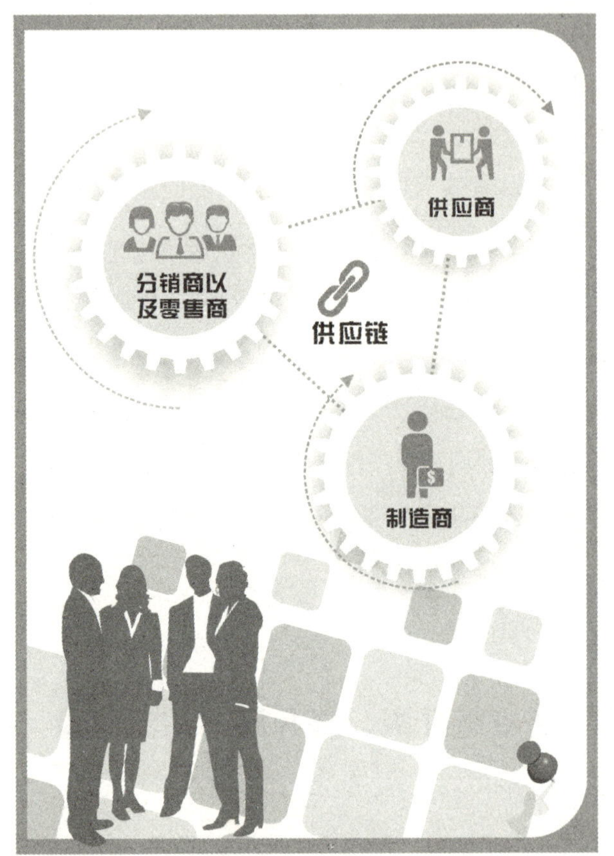

图 5－5 供应链

建立起一种跨企业的协作。合理调配资源，加速了存货资金的流动，提升了供应链上企业的工作效率，可以为用户带来更多更优质的产品。

供应链的升级不仅对企业发展有帮助，更主要的是可以为客户带来更优质的物流体验，提升用户购买产品的满意度，满足快节奏的生活，带来更加方便的生活体验。供应链的升级，对企业和用户来说都是有利的，可以达到双赢的局面。

供应链升级的核心在于整体化运作和信息化管理，要把整个供应链上的企业活动作为一个连续的、无缝连接的过程加以规范和优化，而不是简单地按照功能割裂开来。企业可以根据供应链升级的需要进行业务重组和流程再造，根据“木桶理论”找出供应链中最薄弱的环节并进行重点改造，优化关键业务，最终实现供应链上整个企业群竞争力的提升。

供应链的升级，不仅能够作用于上下级企业间，对企业内部的改造同样有显著效果。根据供应链理论，可以将企业各部门之间的关系转变为供应链似的上下游关系，按照产品生产的各个工序缩短生产周期，加强产品质量控制，在保证质量的前提下不断提高效率、降低成本，把“基于部门”的业务方式升级为“基于流程”的业务方式。

供应链的升级，能够打破企业内部各部门之间，以及上下游企业间的信息孤岛状态，供应链上下游之间不再是各自为政，而是以提升用户物流体验作为工作的出发点和重心，加强彼此之间的合作交流，减少对接环节的摩擦与损耗，使整个产业链高速运转（见图5－6）。

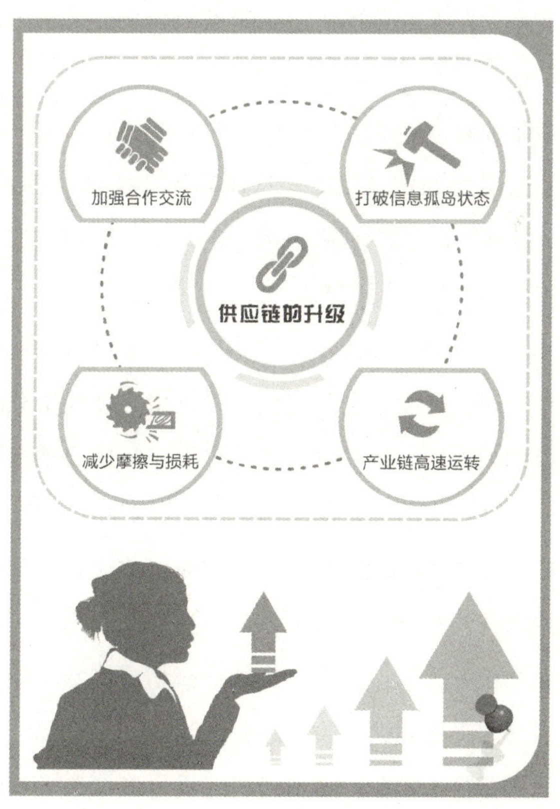

图5－6　供应链的升级

正如前通用汽车公司总裁杰克·韦尔奇所说："如果一家企业在物流供应链运作上不具有竞争力的话，那么干脆就不要竞争。"未来的商业竞争，将不再是企业与企业之间的竞争，而是供应链与供应链之间的竞争。能够进行高度信息化的供应链管理，为客户提供最佳物流体验的企业，才能够赢得核心竞争力。

服务即对话，让用户感受到"温度"

企业之间从产品竞争扩展到服务竞争，竞争一再加剧。社会发展得越迅速，用户对服务的要求就越多，企业提供的服务满足了用户，也就决定了用户的消费选择。

由此可见，企业提供的服务可以影响用户的消费，用户能够通过企业提供的服务来了解企业的发展趋势，从而选择某些企业的产品进行消费。企业提供的服务要像是跟用户对话一样，以此来了解用户的更多需求，从而提供更好的服务，真正让用户感受到"温度"（见图5-7）。

企业的存在基于用户的支持，用户的需求越多，也就给企业带来了无限的动力与发展空间。因此，企业应该在提供用户体验服务时更多地去了解用户更渴望得到的需求。从用户的体验出发，让用户感受到企业为用户所付出的努力，维持用户的满意度永远是一个企业得以持久发展的前提。

以人为本的企业才是真正懂得运营的企业，才能提供受大众欢迎的产品与服务。用户在享受服务的时候可以与企业建立理解与沟通的桥梁，不但可以提升企业的服务质量，也可以让用户真切感受到企业为用户付出的汗水与劳动，促进两者之间建立长久的合作关系。

用户在享受企业提供的服务时，可以感受得到该服务是企业精心为用户打造的，而不是为了推销产品刻意提出的毫无价值的服务。真正有"温

图 5－7　企业提供的服务让用户感到温度

度”的服务才最能打动用户的心，留住用户。

在一家高档餐厅内，一对夫妇带着他们年幼的孩子在用餐，突然间，孩子大声哭闹了起来，瞬间，餐厅内所有客人的目光一下子集中到了他们身上。这对夫妇顿时感到十分难堪，但任他们如何哄，孩子仍旧大声哭闹。无奈之下，夫妇两人准备结账离开。

就在这时，服务员拿着几块冰块来到了他们的餐桌前，迅速玩起了空抛冰块，几块冰块有节奏地被抛到空中、回到手中，并发出了清脆的撞击声，很快吸引了孩子的注意力，哭声停止了。夫妇两人十分感激，向这位服务员点头致谢。

虽然这只是一件小事，但由于服务员及时妥当地处理，很好地解决了客人的问题。如果任小孩哭闹下去，势必会影响其他人用餐。如果任凭这对夫妇离开的话，这家餐厅可能会失去顾客。餐厅服务员机智地应对不仅化解了这对夫妇的尴尬，也使他们感受到了餐厅对顾客的关怀。

很多时候，让人备感温暖的服务就在这不经意的举动之中。在业务之外拓展人性化服务，妥善地处理各种突发状况，更能体现企业或品牌的整体服务理念和质量，更能够给客户留下深刻的印象。

从细节入手的贴心服务，将“用户至上”的理念真正贯穿于工作中的每一个细小环节，并在服务中时刻灌注热情，才能够取得“润物细无声”的成效，温暖用户的心，赢得用户的心（见图 5－8）。

图 5－8　从细节入手的贴心服务

价格变动，力求最优性价比

物美价廉的商品永远是用户最喜欢购买的，企业根据顾客的这个消费特点，制造性价比高的产品，就可以吸引更多的顾客购买。但是，由于市场经济不断波动，即使是同种商品在不同时期价格也不同。因此，及时对商品进行价格调整，是吸引用户以及赚取更多利润的方式之一。以下是导致价格不断波动的原因（见图5－9）。

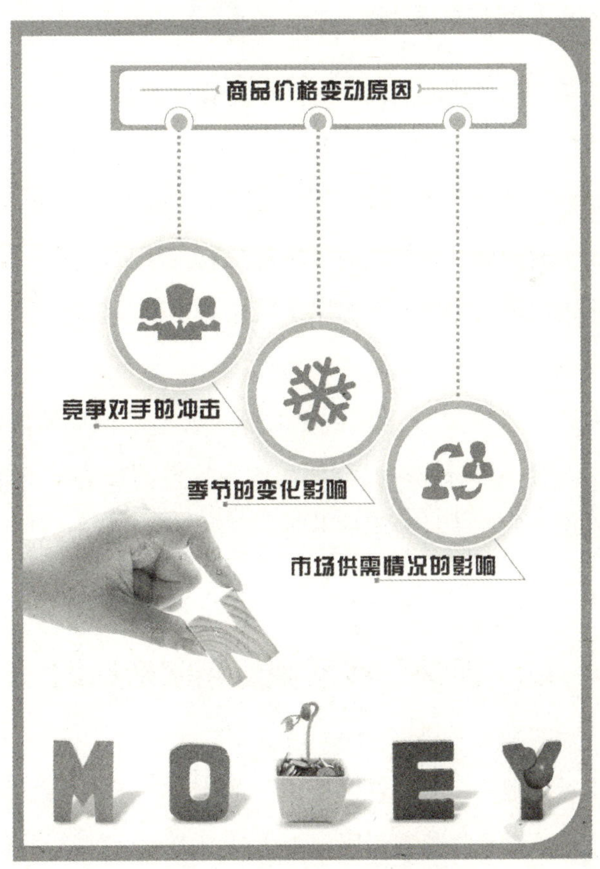

图5－9　商品价格波动的原因

1. 竞争对手的冲击

同行业企业之间往往靠价格来争夺市场的占有率，竞争十分激烈。这样，就会出现同种商品价格有高有低的现象。如果不及时调整价格，产品就不易销售出去。

2. 季节的变化影响

一些时令商品的价格最易受季节的影响，对于这样的商品，建议在当季的时候就全部销售掉，存积的时间越久，价格就会越低。

3. 市场供需情况的影响

物以稀为贵，当一个商品供不应求的时候，价格也会随之增长。及时调整价格，可以为企业带来更多的利润。

商品价格的波动主要基于以上几个原因。企业对商品价格的调整方式不是固定的，不同的原因会导致商品价格提高或降低，价格的变动是影响用户购买的根本原因。比如，有的用户就是看重商品低廉的价格，并不考虑商品的实用性，只因价格低廉才去购买。

如果企业想持久地维持用户的忠实度，就不应该以低廉的价格去促销，或以昂贵的价格来赚取高额利润，因为这样的行为并不能长久进行。真正长久维系用户的办法是为用户不断创造出高性价比的产品。

以“促销”展现诚意和制造话题

我们经常看到很多企业打着“促销”的旗号来宣传自己的产品，而这种行为所收到的效果也是各有不同。因为，消费者只对那些真正有诚意与心意促销的产品买账（见图 5－10）。

图 5－10　促销要展现诚意

很多企业为了提高销量，促销手段花样繁多，拍卖、返现、团购等活动炒得沸沸扬扬。但是真正去了解它们的促销就会发现，很多企业只是打着让利的幌子，让消费者在实际消费中受到了各种各样的限制。

这样的促销是留不住消费者的，他们更愿意购买那些真正让利的商品，即使没有五花八门的促销形式，也会赢得他们的青睐。这就是企业促销的诚意。促销的心意则表现在企业换位思考体会消费者的真正需求，通过传播介质将此诚意表现出来，从而与消费者形成有效交流。

单靠一些形式上的花样促销，只能暂时吸引消费者的注意力，而不能实现消费者最终的购买行为。因此，促销活动如何去除表面化，通过实实在在的实惠去吸引消费者，并能综合考虑消费者的喜好与关注焦点，就成为了企业现阶段实施促销活动规划必须考虑的前提。

有诚意、表心意的促销才能使企业受到消费者的拥护，也才能为企业制造话题，促进品牌新形象的建立，为企业争取到持久的支持者，从而创造出更多的收益。而一些没有诚意的、“晃点”消费者的“恶意营销”，通常只会带来负面效果。

某网站推出的“比特币红包”营销活动，本来很有创意，但是因为缺乏诚意，反而招致了用户的不满。

该网站首先向用户发送“比特币红包”，用户只要打开并按提示注册该网站，就能免费领取不定量的比特币，并可以进行交易。听上去似乎还不错，但实际情况并非想象中那么美好。

某用户在注册后成功领取了0.005个比特币，按照当时市场价换算，大约值几十元人民币，不过，该用户很快发现他无法进行交易，因为该网站的最低交易限额是0.01个比特币。后来，他又充值购买了0.005个比特币，心想这下能卖钱了，可当他兑换成功后却发现无法提现，因为该网站规定要积累100元现金才能提现。无奈之下，该用户只得再次购买了一些比特币才成功提现。而在这次经历后，他也彻底放弃了该网站。

显然，这是一次“不厚道”的营销活动。本来，该活动的首要目的应该是让用户了解比特币交易，对其产生兴趣，并参与到网站的比特币交易业务中来。但是，过多苛刻的条件和不合理的活动内容反而让此次活动成为了一次“捆绑销售”，自然使许多用户望而却步。

只有用户参与方便又能切实得到实惠的促销才是有诚意的促销，与优惠幅度无关。例如一些声称免费领取的活动，即便只是几元钱，只要够方便就会有消费者愿意参与，但如果以此为噱头让消费者另外掏钱，结果就会适得其反。

现在，使用积分抵现是许多企业常用的促销手段之一，但是由于不够实惠，招致许多用户颇有微词。如天猫的积分，大量积分才抵扣一元钱，而且对商品还有诸多限制，让用户使用起来“很不爽”。所以，越来越多的用户对积分不再热衷。使用不方便是其一，其二是还会增加用户挑选店铺和商品所花费的时间成本。

没有诚意的营销活动只是在透支消费者的参与热情和对产品或品牌的信任，“温水煮青蛙”，最终的后果就是使消费者对企业或品牌的营销活动再无好感（见图5－11）。

图5－11　没诚意的营销活动招致用户不满

体验的终点是让用户感受到你的改变

一成不变的产品与服务总会慢慢消耗用户的热衷度，如何在维持企业理念不变的前提下，打造出让用户感受到不断改进的产品是用户乐于接受的。因为，体验的终点是让用户感受到企业的改变。

社会是不断进步的，用户对品牌的认知也在不断提升。一个品牌的产品不可能永远不可替代，再优质的产品总会成为过去。用户需要更加优秀的产品来让自己的生活变得简单方便。

企业为赢得更多用户的拥护，作出了很多努力，也让用户体验到很多优质的服务。但是，这还不足以让用户死心塌地地拥护一个企业。因为，用户的需求总是在不断地变化，体验的终点是让用户感受到企业在不断地创造新的产品，从而满足用户不同时期的需求（见图 5－12）。

推陈出新才是企业得以生存的根本，也是不断吸引用户的源泉。没有一家企业是只靠一个品牌的产品而经久不衰的。随着时间的推移，很多忠实的用户也会渐渐退出消费的行列，新的消费人群都有自己的消费主张，更愿意去尝试新的品牌、新的产品。因此，一成不变只会令企业故步自封。

综上所述，即使一个企业在当前很受用户的欢迎与支持，也难免会被淘汰出局。能立于不败之地的企业，永远是不停改变自己的品牌产品来满足用户需求的企业。

根据密歇根大学发布的“美国消费者满意指数”调查结果显示，亚马逊成为 2014 年最令美国消费者满意的公司。相关人士指出，亚马逊之所以能大受消费者欢迎，与其快速投递服务和免费送货服务不无相关，可以说这是亚马逊长期站在客户角度从事运营的结果。

图 5－12　体验的终点是“改变”

在中国，亚马逊始终遵循其全球理念，进行本土化创新，立足中国市场，战略性地着眼于提升中国消费者的购物体验。

2014 年 11 月底，亚马逊启动“黑色星期五”海外购物节，让用户可以通过海外购商店同步享受美国亚马逊“黑色星期五”的独家优惠，成为国内首个以国际选品和海外购物为主题的网上购物节。具有吸引力的国际品牌品类和超值优惠让亚马逊海外购商店在试运营当日就获得近百万人次的消费者访问量。全中文海外购物流程，本土化售后支持，让众多的中国消费者获得极佳的购物体验。与此同时，亚马逊根据消费者反馈不断改进消费者的购物体验，推出各种创新服务。

对于大批喜欢海外网购的海淘族来说，烦琐的手续和产品是否正品往往是极大困扰。亚马逊开放海外直邮，简化了购物流程，让消费者能以本地化的购买和支付方式，选购海外产品。可以说，亚马逊为喜欢海外购物的消费者提供了可信赖的购物渠道和商品，进一步打开了进口网购的大门。

亚马逊的成功，是其不断改变、持续创新的结果。在中国，亚马逊不断根据市场的需求拓展自己的相关服务，带给了消费者越来越舒适方便的海外网购体验，进而获得了越来越多消费者的支持与关注（见图5－13）。

图5－13　亚马逊带给消费者的网购体验

所以，无论企业是大是小，是做本土市场还是海外市场，都应该根据消费者的需求，不断地调整和改善自身的业务，为消费者带来最佳体验。

第六章

社会化法则：重塑品牌和用户的沟通关系

对于任何一个品牌来说，和用户之间建立起紧密的沟通关系对于自身的形象至关重要。然而让众多品牌苦恼的是，随着品牌知名度越来越高，品牌越发变得“高高在上”，同消费者的关系反而割裂开了。

不过，随着互联网信息工具的普及，品牌与用户之间有了越来越多对等、直接沟通的渠道和方式。品牌可以放低姿态，以朋友的形象同每一位客户展开互动，重塑紧密的沟通关系。

案 例

一张去看老妈的机票

“一张去看老妈的机票”是英国航空公司为北美飞印度的项目所拍摄的一段纪录片，其主要目的是为了鼓励在北美打拼的印度朋友们能抽空回家看一看。

这段5分20秒的纪录片内容十分简单，主要介绍的是一位印度母亲生活的点点滴滴，他的儿子在年轻时就去北美闯荡，而她也足足有15年没能见儿子一面。在每天平凡朴实的做饭、洗衣的安稳生活背后，隐藏的是一位母亲对儿子深深的牵挂和思念，在佛像前为儿子祈福是她每天必须要做的一件事情，在接受采访时乐观的语气也掩盖不住眼睛里的寂寞情感。

影片的最后，一位与这位印度母亲相貌神似的男子走上楼梯，走向正在做饭的印度母亲，给了她一个深情的拥抱。是的，她15年未见的儿子终于再度出现在她眼前。影片也在两人喜极而泣的幸福笑容中结束了。

整段纪录片，除了最后一秒出现了英国航空公司的标志外，没有任何广告、宣传，更没有产品介绍，有的只是一段段至深至切的劝诫与感动。然而，其所达到的效果，要远比被反复阐述的服务、活动、优惠更加深入人心。

英国航空公司拍摄的这段纪录片，可以看作是一次宣传，也可以看作是单纯的社会公益短片，通过唤醒人们内心中最真挚的思乡思亲之情，将自己的产品和服务潜移默化地同客户情感联系在了一起（见图6-1）。

图6－1　英国航空公司的宣传片

传播就是两个问题：内容和渠道

企业的营销，品牌形象的树立，本质上都是通过信息传播来实现的。而传播不外乎两个方面：一是内容，想要传递给用户的是什么；二是渠道，如何传递给用户。

在互联网思维下，传播的内容不能仅仅局限于清晰、明了等最基本的属性上，而是要更加符合时代特点和用户心理需求，这就需要内容上具备以下特征（见图6－2）。

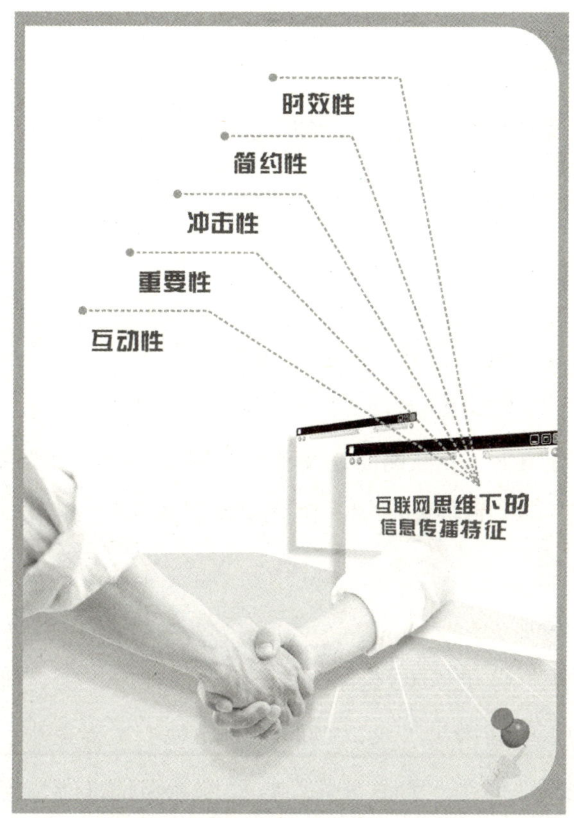

图6－2　互联网思维下的信息传播特征

1. 时效性

时效性代表着内容的新意。在信息高速更迭的今天，内容新颖才易引起用户的关注。

2. 简约性

简约性代表着内容能够轻松被用户记忆并传递。内容简约才是最美。

3. 冲击性

冲击性代表着内容能够吸引用户的眼球。如果没有看点，则很难吸引用户。

4. 重要性

重要性即内容满足用户需求的能力。无论是物质需求还是心理需求，唯有对用户有用的内容才是有价值的。

5. 互动性

互动性是互联网时代信息传播的重要特征之一，互联网时代下的信息，不再是商家单向的灌输，而是商家与用户间的对等交流。

而在传播渠道上，互联网的普及和互联网工具的发展为商家提供了更多的渠道选择，如何根据渠道特点和传播需求进行渠道搭配，是传播的重要决策之一。

（1）传统渠道

尽管互联网媒体给传统媒体带来了巨大的冲击，但传统媒体的普及性和权威性在短时间内仍是难以被取代的。对于大型企业、知名品牌来说，电视、报纸、展会、大型户外广告宣传等仍是进行信息传播的重要方式。

（2）互联网渠道

互联网媒体之所以能展现不可阻挡的发展势头，关键就在于其跨时性、跨域性、低成本三大特征，以最低的成本、在最短的时间进行最大幅度的宣传，这是任何一种传统媒体都无法做到的。互联网渠道不仅成为众多小企业、小品牌的福音，越来越多的知名企业和品牌也更加重视互联网渠道，开展了多层次的渠道传播。

（3）自媒体渠道

自媒体渠道是随着移动互联网的出现和社交媒体的普及而诞生的一种全新的传播渠道，比起传统的互联网渠道，自媒体渠道在便捷性、互动性上又有了大幅的提高。在国内，最为常见的自媒体渠道莫过于微博和微信，现在，越来越多的企业开通并运营着官方微博或微信公众号，并以此作为与客户沟通的主要阵地。自媒体渠道越来越成为企业发动口碑传播力量的一种重要方式。

在互联网传播环境下，要求企业具备更敏锐的洞察力、更具想象的创造力，进行内容资源和传播渠道的创新融合，制造差异化，满足用户需求，这样才能帮助企业与用户之间建立更精准的沟通关系（见图6－3）。

图6－3　互联网思维下的信息传播渠道

为品牌塑造人性化性格

对于一个品牌的塑造，大致可分为四个阶段：第一阶段是品牌基本形象的确立，比如名称、商标；第二阶段是扩大品牌知名度；第三阶段是提升品牌美誉度；第四阶段是创建人性化品牌。

品牌人性化的概念由来已久，早在20世纪五六十年代就被西方一些企业重视并应用。品牌人性化的重大意义包含以下三点（见图6－4）。

图6－4　品牌人性化的特点

1. 从品牌人性化到品牌差异化

由于商品同质化、服务同质化现象普遍化，如今越来越多的企业面临着更加严重的问题，那就是品牌同质化。对于企业来说，产品和服务本身的创新突破很困难，即便有所突破也会被模仿，而品牌人性化就能为企业增添一个“软性”的标志，从而打造出差异化。

2. 品牌人性化是品牌识别的重要组成部分

识别一个品牌和识别一个人具有相似性。一个人之所以能给我们留下深刻的印象，不仅是因为他的外貌、声音，更重要的是因为他的性格。品牌也是如此。品牌具有与众不同的特质，因此，它具有很高的识别度。

3. 品牌人性化能和客户进行深层次的情感交流

一个具备人性化的品牌，对于客户来说，就像是一位生活中的朋友，从而产生熟悉感、亲切感、认同感、信任感。一个人性化品牌，能够有效地缓解“大品牌病”，使品牌在不断变大变强的过程中仍然能同客户进行最真挚的沟通交流。

人性化的品牌源自细致入微的产品与服务理念，源自发自内心的情感营销。以人性化服务享誉餐饮行业的海底捞，就是一个很好的范例。

在海底捞，每一位顾客从进门到出门都能享受到全程的“五星级”服务：停车时有代客泊车，排队时有免费供应的瓜果、零食、饮料，有免费的擦鞋、美甲、上网以及各种棋牌娱乐。顾客可点半份菜以享受更多的菜品，为顾客提供围裙、为长发顾客递上皮筋、为戴眼镜的顾客送上镜布、为手机套上塑料袋、饮料快喝完时服务员会主动续杯。就连在洗手间，也有人专门为你按洗手液、递上擦手纸巾。这里的服务员不仅记得老客户的名字和长相，甚至还记得他们的生日或结婚纪念日等。

海底捞的服务其实并没有太多出乎意料的内容，是所有餐饮企业都有能力提供的，但正是这所有的细节完美地组合在一起，成为了海底捞独有特色的“高大上”服务，使其他餐饮企业难以企及和模仿。海底捞人性化的服务不仅为品牌塑造了独有的人性化形象，也让所有光顾的客户都“欠下”了一笔“感情债”，从而一步步变为了回头客和忠实客户。

人性化品牌塑造应当遵循以下三个原则（见图6－5）。

图6－5　人性化品牌塑造应遵循的原则

1. 简单与深刻相融合

不要认为小事可以忽略，将小事做到极致同样可以铸造伟大。

2. 个性与共性相结合

人性化品牌不是无休止地标新立异，在推陈出新的同时照顾到绝大多数客户的喜好与价值观，才是人性化的体现。

3. 丰富中不失统一

品牌人性化塑造要做到“形散而神不散”，展现人性化的方式和工具可以多种多样，但一切都应该围绕着“想客户之所想”这一中心点。

人性化品牌塑造不是一蹴而就的，不是靠口头宣传能够换来的，而是要通过长时间的实践积累，才能真正为广大客户接受并认同。

好文案是“手术刀”，走进用户内心

年轻人：清晨四点，整个城市好像只有在那个角落，让人觉得明亮且温暖。

店员：我记得那天冷冷的，还在下雨。他站在那里喝咖啡，心情好像很坏。

年轻人：只不过尝过他的一杯咖啡而已，他就像个老朋友一样陪我聊了很久。

店员：我只不过问问他是不是工作不顺心，他就像好久没有跟人说过话似的，一说就说个不停。

年轻人：我好像第一次跟一个陌生人讲那么多话！也就在这个角落里，我第一次感觉到许多人竟然那么单纯、那么认真地活着。

店员：嗨，刮刮胡子吧！常来哦，别忘了这个好邻居哟。

年轻人：那个早晨，我觉得自己的脸那么清新，那个角落真的特别明亮、特别温暖。

以上是一段美国 Feleven24 小时连锁店的广告文案，借助年轻人和店员各自的独白，组成了一个完整的感人小故事，并以此展现了该连锁店人性化服务的良好形象与理念。

真正优秀的宣传推广文案，不是“大言不惭”的自我标榜，而是让用户感同身受的情感共鸣（见图 6 -6）。消费者对广告的排斥感与日俱增不

图 6 -6　让用户感同身受的推广文案

是毫无缘由的，没有创意和情感的广告泛滥，对于消费者而言只是一种“噪声污染”。形式上的创新，情感上的深化，这才是让广告走进用户内心的秘诀所在。

那么，如何才能写出一篇走进用户内心的好文案呢？其关键在于三个字——实、新、美（见图6－7）。

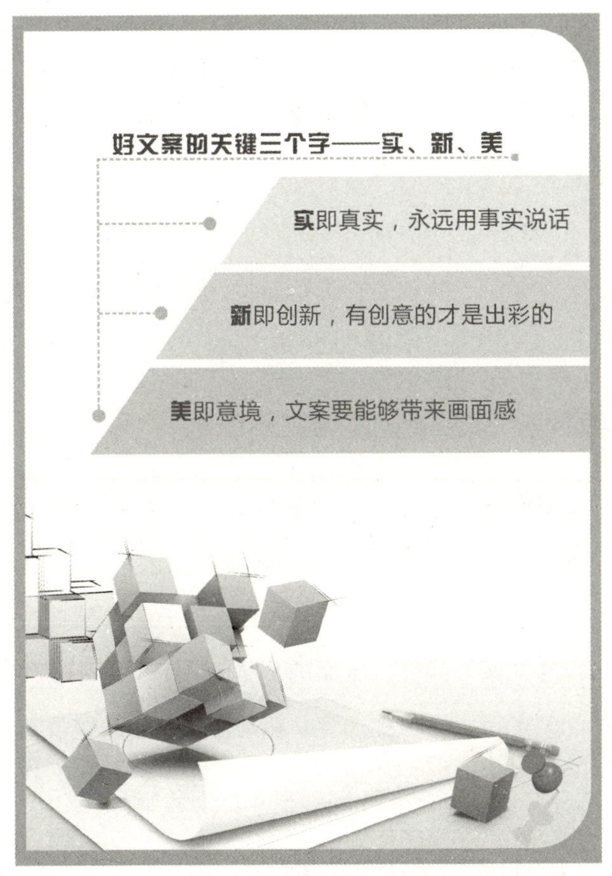

图6－7　好方案的三个关键字

1. 实即真实，永远用事实说话

好的文案不是装腔作势、哗众取宠，而是以真挚的态度同用户讲事实。过去，虚假的广告文案也许还能带来一时的关注和销量，而如今，用户验证广告真伪的方法越来越多，虚假的宣传只会被迅速识破并带来一系列恶劣影响。

真实的文案，不仅要体现在内容上，保证一切宣传都是符合事实的，同时还要在表达方式上加以注意。如果在语言陈述上太过浮夸，即便说的是事实，也不容易使用户信任，反而会招致反感。

2. 新即创新，有创意的才是出彩的

文案必须要有创意，没有创意的内容用户根本不会有心情阅读和体会，更谈何走进用户内心呢？创意是无形的，看不见，摸不着，但它能带来无法预估的良性效果。

文案的创意表现在两个方面，一是形式上，不必总是千篇一律的陈述模式，如独白、情景剧、小故事，都是能够产生新意的方式；二是在主题上，要能从同样的事物上引申出不同的内容和含义，抓住用户的眼和心。

3. 美即意境，文案要能够带来画面感

一篇好的文案，绝对不是空洞乏味的文字、数字的简单组合，而是能给用户带来一种美的享受。好的文案能够最大限度地激发用户的想象力，让他们不由自主地在脑海中描绘美好的画面，这就是文案的意境美。

营造出意境的文案，能够以画面的形式被用户认知并记忆，这要比单纯的文字更加深刻且持久，也更加容易触动用户内心，引发情感共鸣。

不同网络传播渠道的内容定位不同

互联网时代下的品牌传播，有了更多的渠道可以选择，不再只局限于过去单一的广告传播。而不同的传播渠道，对品牌塑造有着不同的作用，其内容定位也有着很大的区别。一般来说，网络传播渠道分为以下四种（见图6－8）。

图 6－8　网络传播渠道

1. 广告传播

广告传播是最传统的品牌传播渠道，即便在互联网时代下，广告传播的形式越来越多样化，其本质和地位仍没有太大的变化。一些知名的大品牌，其广告费用常年都维持在一个较高的水平上，即便在品牌已经有了足够的认知度时也是如此。

广告传播的本质是通过多种传播媒介，对目标受众进行的一系列以品牌名称、品牌标志、品牌个性、品牌定位、品牌使命与内涵等为主要内容的宣传活动。广告传播不仅要花费大成本，而且有一定的滞后性，所以一旦投入就难以轻易收手。不过，随着一系列低成本网络工具与平台的诞生，在一定程度上缓解了这一难题。

2. 公关传播

公关不仅是企业维护关系、应对危机的一种方式，也是进行品牌传播的一种解决方案。通过投资者关系、员工传播、时间管理以及第三方认证等，为品牌提供有利的信息，从而引导消费者的认知。

在互联网时代，由于信息交流方式的便捷化，商家与用户对接方式也更加直接和多样化，企业公关也变得更加容易被用户所察觉与感受，利用一次成功的公关活动为品牌带来知名度、美誉度等有利的印象，其操作性和可控性也变得越来越强。

3. 销售传播

销售传播其实由来已久，主要就是通过优惠促销等手段推进产品在短时间内的爆炸式销售，从而使品牌能够为更多消费者所认知。但是，这种品牌传播方式被商家重视并应用的时间并不长。特别是电子商务的普及化，先做销量、再做品牌几乎成为了一种固定的商业模式。线上线下多种销售渠道的融合运用，使得产品大范围、多层次的销售成为了可能。

销售传播对于刚刚打入市场的小品牌来说的确是一种简单实用的传播渠道，但随着品牌知名度和美誉度的上升，这种浅层的、短期的传播渠道也会给品牌形象带来损害，即虽增加了消费者对价格的敏感性，却使其淡化了品牌的质量概念，这是企业在品牌传播过程中需要及时察知并加以调整的。

4. 口碑传播

口碑传播可谓当今商家最为重视和推崇的品牌传播方式，尽管自古以来经商者都非常重视口碑，但是却难以对其进行控制和引导，消费者本身的口碑传播力量也极其有限，不是行之有效的传播方式。不过，随着互联网的普及，特别是自媒体时代的到来，消费者个人的传播力量得到了强化，企业也有了更多的自我展示空间和与消费者沟通交流的方式，从而使建立情感联系、树立良好口碑成为了可能。

口碑传播渠道不仅能使企业节约大量用于品牌传播与塑造的成本，借消费者之口传递的良好口碑也更易被更多用户所认知和接受，品牌的信任感和忠诚度由此诞生。

不同的网络传播渠道对于品牌的不同传播阶段有着相应的适用性，如果传播渠道选择不当、内容定位不合理，就难以收到好的传播效果。因此，企业在进行品牌传播与塑造时，要将渠道选择与内容设计的有机融合放在最重要的位置上。

广告是“强迫”，互动是“勾引”

当品牌的知名度上升到一定层次后，广告所能取得的直接效果反而会随之降低，因为广告单一的传播内容与形式很容易使消费者陷入信息饱和的状态。而这种情况，在互联网时代进一步被强化。

在品牌已经取得了广泛的认同之后，单纯的广告推送只能保证品牌维持曝光度，使品牌不至于淡出消费者的视线。而想要在此基础上，获得更多的认可与支持，培养更庞大、更忠诚的客户群，就必须依赖一系列互动方式来强化品牌与用户的关系。

互联网时代，消费者有着越来越多的方法和途径去收集最真实的信息，他们变得越来越不喜欢被动接收企业推送的信息，而是更习惯主动搜寻相关信息并亲自验证真伪。

于是，越来越多的消费者对广告“疾恶如仇”，商家的广告对于消费者而言是一种思想上的“胁迫”和“洗脑”，只会激化他们的对立情绪。而互动则不同，它不以销售和宣传为重点，反而以娱乐为中心，搭配推广信息或优惠活动来进行。同时，消费者有着绝对的选择权，可以根据自己的喜好来决定是否要参与互动。

所以，对于企业来说，转变品牌塑造思路，将推广重点从广告式的单向灌输转为互动式的双向交流，已经成为当前环境下吸引用户的必要选项（见图6－9）。

图6－9　转变品牌塑造思路

从广告到互动的转变，在许多时候其实很简单，有时一些形式上的变换就能让品牌的传播方式完成“华丽大变身”。星巴克所推出的一系列用户互动项目，就给许多大品牌做出了很好的示范。

2012 年，星巴克通过官方微信进行了一场《自然醒》专辑的互动推广活动。只要用户关注星巴克的微信账号并发送当天的心情，星巴克官方微信就会从该专辑中挑选出最适合用户此刻心情的一首歌作为回应。

尽管这是一个非常简单的互动活动，却为刚开通不久的星巴克微信聚集了大量的用户和粉丝。此后，星巴克将更多的优惠活动通过线上互动的形式来实现。

2014 年春节期间，星巴克通过微信分享当日的点单优惠，同时线下的各个门店同步配合，线上线下的搭配互动不仅保证了传播效果，也使众多消费者在趣味中享受到了实惠。

通过一系列微信互动，星巴克不仅牢牢抓住了老客户的心，也让众多“游荡”于各个咖啡厅之间的客户对其更加感兴趣，从而聚集了大量的粉丝，为品牌的强化打下了良好的用户基础。

互动的精髓就在于碎片化、娱乐化，不需要大张旗鼓地造势，或者是让人拍案叫绝的创意活动，一些很普通、很常见的互动内容，只要掌握好运用的时机，同样能取得良好的效果。而互动成功的关键就在于为用户提供实惠或趣味，而不要将推广的意图暴露得过于明显，甚至可以完全不进行任何信息推送，只是同用户开展一次游戏。

如今，越来越多的知名品牌都通过微博、微信，或是独立开发相应的 APP 来开展种类繁多的互动活动，互动逐渐取代广告，成为引流的新利器（见图 6－10）。

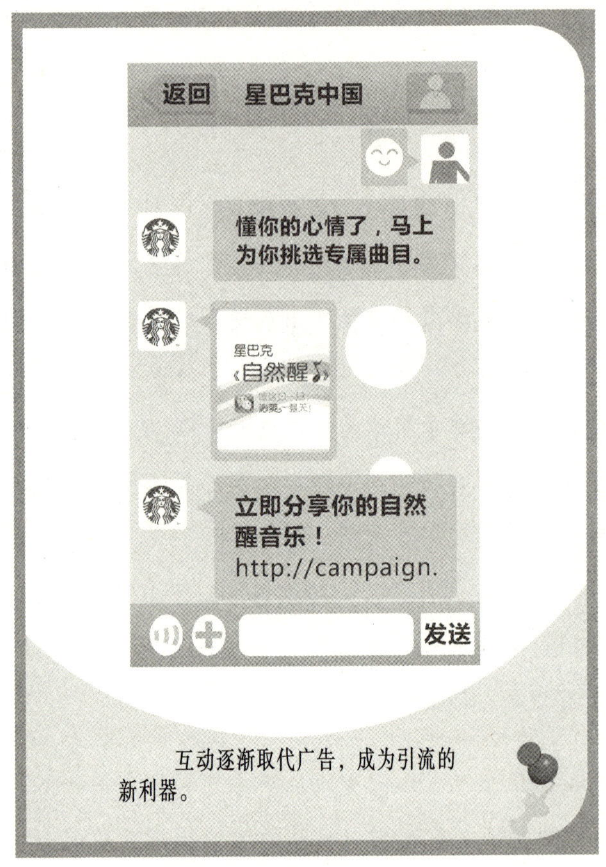

图 6－10 星巴克的互动活动

让用户和品牌进行平等对话

“顾客至上”是所有品牌都信奉的原则，可现实情况却是，当品牌越来越大，逐渐“位高权重”，别说“顾客至上”，客户甚至不能站在与品牌同等的平台和位置上，反而成为了低品牌一等的存在。这种现象在大企业、大品牌中屡见不鲜，让众多用户为之失望。

2011 年 11 月 20 日，牛博网创始人罗永浩及一些志愿者来到北京西门子总部前，用铁锤砸烂3台有质量问题的冰箱，以表达对西门子客服的不满。

事件的经过是这样的：2011年9月，罗永浩在微博上透露，自家刚买的西门子冰箱门不易关闭，此事通过微博迅速传播开来，有数百名网友表示自己也遇到了类似的问题。尽管西门子客服注意到了该事件，但其坚持这只是个案，并不存在产品质量问题和设计缺陷，只同意维修，不同意召回，因此迟迟无法与消费者达成一致，最终招致了总部门前砸冰箱的事件。

在众多媒体跟进曝光该事件后，西门子依旧没有放下高傲的身段，坚持质量无问题，并表示“没错为何要认错？”西门子的冷淡应对让众多消费者心寒，给品牌形象带来了无法预估的损害。

西门子自以为是的公关态度在品牌和消费者之间竖起了一道高墙，拒绝同消费者进行平等对话，以制度和规定作为品牌的保护伞而不是从事实出发。最终，在西门子拒绝消费者的同时也被消费者拒绝，一个小小的冰箱门质量问题给企业造成了负面影响（见图6－11）。

互联网的普及铸就了一个为消费者“增权”的时代，众多的科技手段、信息工具为消费者提供了全面、深入了解企业和品牌的渠道，门户网站、点评网站、微博、贴吧成了消费者发表意见、投诉维权的地方，个人的意见对品牌的潜在影响越来越大。那种大品牌进行大规模信息推送消费者就会乖乖买账，或是遇到问题随便应付一下消费者就会被轻易打发的时代已经一去不复返了。

在互联网时代，品牌的信息垄断与操控变得越来越难以进行。消费者可以轻易地同全国各地乃至全球各地的用户交流讨论，以了解最真实、最可信的信息。因此，在这种环境下，企业“虚张声势”“故作清高”已经变得越来越没有意义，只能被消费者认为是曲解问题、逃避责任。

图6－11　西门子冰箱门事件

让用户与品牌进行平等对话，最根本的是企业要明确态度，放低姿态，真正将对等沟通作为一种行为方针和指导原则。面对消费者的质疑，一定要先从自身寻找问题，查明真相，并以消费者能够接受和认同的方式传达真相，提出相应的释疑或补偿方案，让消费者的问题得到最妥善的解决（见图6－12）。

另外，在对话方法上，要广开言路并密切关注。企业可以开通微博、微信公众号、企业邮箱等多种平台，为消费者提供全面且方便的表达观点的途径。最好能够组织专门的人员或成立相关部门关注企业信息渠道，从中快速精准地筛选出对企业至关重要的信息，并做出快速反应。互联网带来的一系列开放性思想和途径，企业要能够灵活运用。

以“顾客至上”的思想作指导，以多渠道的信息沟通方式作保障，才能从根本上确保用户与品牌进行平等对话。

图 6-12　让用户与品牌进行平等对话

倾听用户需求，并快速做出正确反应

无论是产品的销售还是品牌的塑造，成功的根本都是要满足用户的需求。只有用户需要的，才是有价值的。对于企业来说，倾听用户的需求，并快速地做出正确反应，绝不能只是一时的噱头，而是要作为长期的战略方针来坚持。

作为国内电器巨头的海尔，正是长期坚持了这一方针，才最终在市场中取得了不凡的成就。

海尔是我国本土品牌成功的楷模，在国际上也有着举足轻重的地位。尽管其产品价格比市场中其他同类产品高出15%～30%，但高昂的身价并未磨灭消费者选购的热情。其根本原因，就在于海尔总是能发掘用户需求，并生产出让用户用得舒心的产品。健康空调、抗菌冰箱、小小王子冰柜、可电视遥控的空调、搓板洗衣机等，这一系列热卖的创新产品都是对用户需求的满足。

在新时代，海尔更是提出了“您来设计我来实现”的口号，鼓励消费者大胆提出对海尔产品的需求模式，并由海尔集团来实现。这是海尔以满足用户需求为己任的战略方针在互联网时代的又一次升华。

随着市场竞争激烈化、自由化，仅仅兑现对用户的承诺已经远远不够了，从用户的角度进行思考的市场理念给企业提出了更高的要求。海尔正是将用户理念体现在产品的产、购、销、售后的每一个角落中，才获得了广大用户的一致认可（见图6－13）。

倾听并满足用户需求，无论对企业理念还是业务模式，都是一次冲击和挑战。这不仅要求企业从思想上予以重视，还要从行动上加以制度化（见图6－14）。

首先，多方面倾听用户需求，深层次挖掘用户需求。

在互联网时代，企业对于用户需求的倾听与挖掘，已不再局限于传统的市场调研和进行大趋势上的分析。借助微博、微信等社交平台与互动工具，企业可以更加细致地寻找和发掘用户需求，引导用户积极主动地说出自己潜藏在内心的想法。

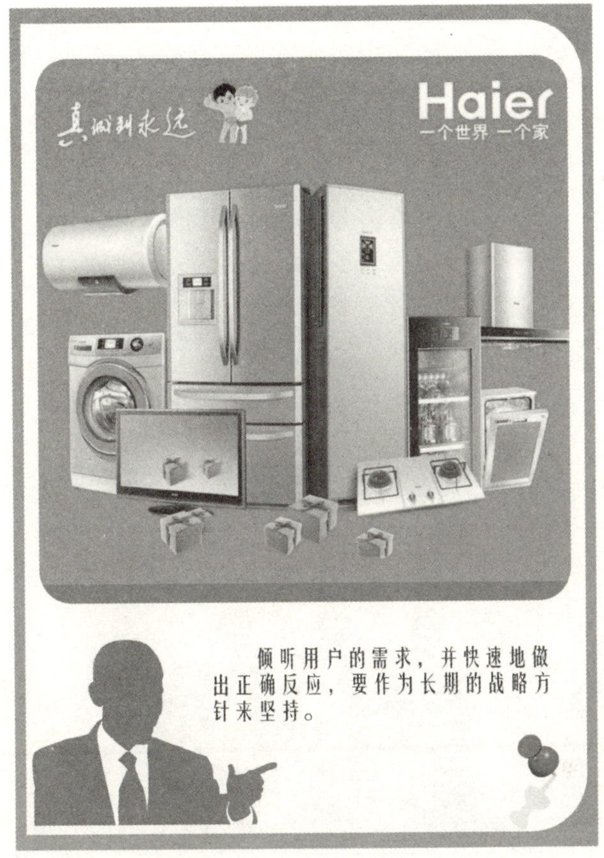

图 6-13 海尔倾听用户需求

其次，对于任何用户需求都要加以重视，并以积极的心态探讨可行性。

有许多企业认为用户的需求大多是天马行空、不切实际的，这是一种消极的思考方式。许多划时代的产品在诞生之前，在他人看来都是难以实现的。

所以，当企业发现用户的潜在需求后，不要仅凭主观去判断其可行性，而是要开展专门的会议讨论，采用“头脑风暴法”，让各部门人员都大胆提出自己的想法。用户的需求虽然未必100%得到满足，但是它起到了导向性作用。

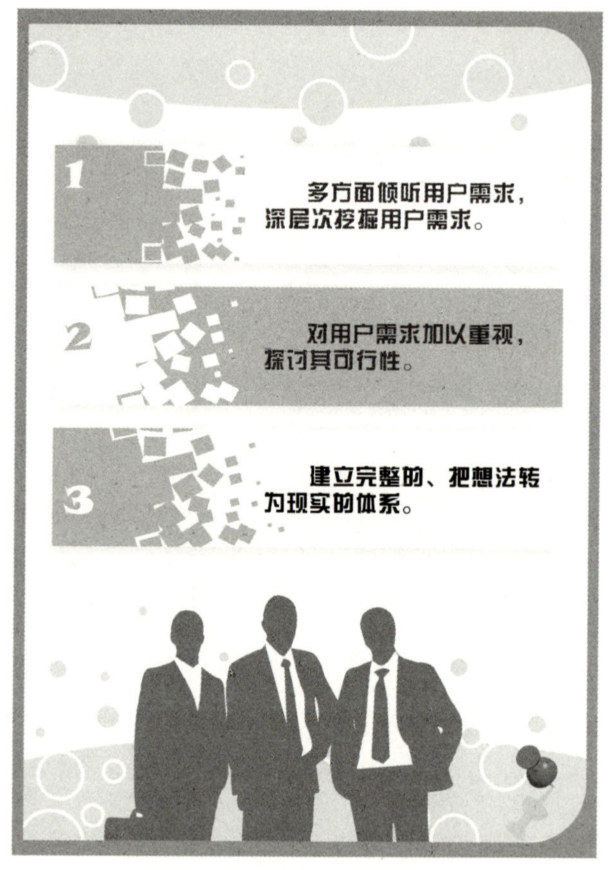

图 6－14　倾听并满足用户需求

最后，企业要建立一套完整的、把思想转为现实产品或服务的流程与模式。

当决议通过后，如何迅速投入研发生产，以保证用最快速度抢占市场，是对企业综合能力的重大考验。这就需要企业建立完善的内部沟通合作体系，实现科研、生产、宣传、市场等多个部门的无缝对接。而这一切不仅需要建立相应的制度和组织结构，还需要在企业文化层面进行引导和促进。

只要企业真正建立起一套完备的体系，将倾听并实现用户需求作为企业发展的常态，品牌力量必定能够在此过程中不断壮大。

建立用户和品牌之间的“小关系”

小米的飞速崛起向人们展示了粉丝文化的力量，于是，越来越多的品牌开始注重营造自己的“粉丝后院”，试图建立起用户与品牌间的“藕断丝连”的“小关系”。美啦美妆这一手机上的网络社区品牌，正是通过这种“小关系”建立起来的。

美啦美妆自上线之初，就将用户锁定在18~25岁的年轻女性，不仅在于其需求，还在于这类人群对媒体接受度高，更容易建立起紧密的关系。

在社区运营上，美啦通过实现用户互动并产生内容，然后将这些内容归类整合，再呈现到更多用户眼前。同时，美啦不参与“推荐”决策，只要内容够专业、够真实，就一视同仁地呈现给用户。

美啦自行开发了一套问卷调查系统，围绕美妆产品、社区建设等问题进行切入，在获取宝贵建议的同时也使用户更有参与感。

美啦每天推送到主页的也不是一件件产品，而是某个人的分享。在创建者张博看来，围绕用户之间的关系运营并最终产生交易，这才是美啦的核心竞争力所在。

现如今，美啦不只专注于美妆，还涉猎了美搭、美甲、美体等业务。而超越100万的日活跃用户、2000万美元的融资这一系列佳绩，都是借助于用户之间长期稳定的紧密关系实现的。

销售行业有句名言：“当你的眼睛里充满了金钱的时候，消费者是肯定不会埋单的。”小到销售人员的上门推销，大到整个企业的营销体系，其实都是围绕着一个线索而行动的，那就是先同消费者建立关系，然后再进行销售。而互联网下的用户关系，需要企业用最新的思维去加以建立和维护（见图6－15）。

图6－15　维护互联网下的用户关系

1. 优质的产品和服务是关系的基石

一切关系的基础都离不开优质的产品和服务，消费者不可能因为商家提供的一些无关紧要的“小恩小惠”就变为忠实客户。他们之所以愿意同一个品牌保持关系，最重要的原因还是该品牌能够解决他们的切身需要。

因此，如果产品和服务本身不够好，一切建立和维护关系的技巧都是无用功。

2. 搭建与用户沟通情感的平台

互联网时代，企业有很多与用户沟通情感的平台选择，如微博、微信、QQ 等。客户群主要在哪个平台，企业就可以到相应的平台上搭建沟通通道。而这些平台的频繁互动，最终也会成为品牌与用户关系的源泉。

3. 提供惊喜，发挥意见领袖的力量

意见领袖对于大规模搭建和维护用户关系总能起到至关重要的作用，有许多品牌从默默无闻到火爆异常，都是这些作为“死忠”的意见领袖长期不懈地自主宣传所推动的。一位忠实的意见领袖会帮助品牌进行宣传、进行公关、构筑粉丝团体的雏形。而让他们心甘情愿地做这些，首先需要品牌提供惊喜，创造兴奋点。

建立用户与品牌之间的“小关系”，就是将品牌渗透到用户生活的方方面面，让用户离开品牌就感觉“浑身不自在”。当企业真正让用户感受到这些时，用户黏性、品牌忠诚度自然也就随之产生了。

建立以信任为基础的品牌口碑

如今是品牌的时代，绝大多数消费者不会去仔细分析每一件商品的具体数据，他们只是基于对品牌的信任和认可做出购买决策，这种口碑力量才是品牌赖以生存和发展的基础。

不过，有许多企业认为，借助明星代言、制造噱头、创意广告等获得巨大的知名度和传播度，以此刺激消费者购买的一系列活动就是口碑，

就是品牌的建立，这实在是一种错误的观点。实质上，广告传播所能解决的仅仅是单次消费的问题，其最大的作用是吸引消费者关注产品和品牌。而信任解决的则是重复消费的问题，只有消费者对产品和品牌感到满意、可靠，他们才会愿意重复消费，进而演变为一种消费习惯（见图6－16）。

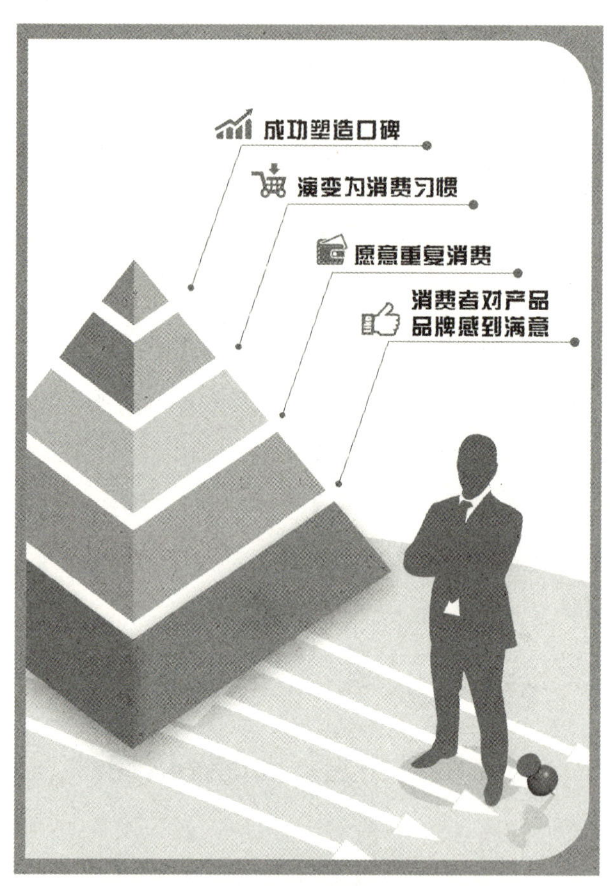

图6－16　建立以信任为基础的品牌口碑

随着信息获取渠道的多元化和便捷化，消费者已从过去信息不对等的境地中解放出来，信任经济时代的概念被越来越多地提及。据有关调查显示，在“消费者最信任的信息来源”调查中，包括亲朋好友推荐和网络评论在内的口碑传播占据了78%，而广告、销售人员、新闻报道等传统的传播方式仅占22%。

正如张瑞敏先生所说的“战战兢兢，如履薄冰”一样，企业应当对消费者信任问题产生敬畏之情，要时刻审慎地选择自己的行为，避免配不上消费者的信任。对消费者信任的一次背叛或伤害，轻则会像双汇、蒙牛一样陷入难以摆脱的丑闻中，重则会像三鹿一样陷入万劫不复的深渊。

信任不仅是品牌的生存保障，同时也会使品牌身价倍增。水宜生，一个看似普通的水杯品牌，每件产品却能卖到300~1300元不等，2008年销售额达4亿元，2009年销售额达7亿元，这些成果的背后都是品牌信任在起作用。

水宜生前身叫正源堂，在区域市场销售了一年左右效果不佳，几乎濒临破产。后来，智旗接手了这个品牌，舍弃了原有的商标，重新命名为水宜生，有“宜生之水”的含义，从名称上提高了品牌信任度。

活化水处理技术是水宜生的核心技术，申请了国家专利。不过，普通的消费者对这一技术却无清晰的认知，于是，水宜生创造了一个技术品牌形象——水之素，将其具体化、图像化，强化了消费者的认知。

水宜生的发明人杨启彪博士是中国功能水协会的理事，在行业内享有较高的知名度。水宜生自然没有放过如此适合的代言人，其将杨博士的形象广泛用于广告和产品设计上。

同时，水宜生无论产品本身还是包装上，都无不体现着高端、健康、科技，这也为赢得消费者信任打下了良好的基础。

水宜生一系列产品打造和营销战略，都是围绕着获取消费者信任这一核心思想进行的。尽管产品本身没有本质变化，但却通过一系列手段将品牌原本“空洞”的科技形象包装得更加“平民化”，用普通消费者更能够接受和理解的方式去打造品牌，最终成功地获取了广大消费者的信任。

品牌是企业生命力之所在，而信任则是品牌的基础。建立起消费者信任，靠的绝不是一时的人气暴涨，而是长期不懈的坚持。在信任基础上进行的口碑传播，往往更快速、更有效。

第七章

大数据法则：精准、精细化品牌营销

精准营销，是许多企业都努力的经营方向之一。然而，传统的市场调研所采用的问卷调查、客户走访等方式，由于数据来源和统计标准不一致，很难达到精准化。

但在互联网这个数据化世界中，每一个环节都是可监测的，将所有细节数据整合在一起，进行深度挖掘分析，就能还原真实的信息，获取目标受众真实的想法，由此来动态调整营销策略。这就是互联网大数据的魅力所在。

案 例

央视曝光大众 DSG 变速器故障微博讨论分析

2013 年 3 月 15 日国际消费者权益保护日当晚，央视在 3.15 晚会上曝光了大众 DSG 变速器故障问题，把在一年内被反复讨论的这一问题再次推向了舆论的顶端。

目前，大众汽车在中国销售的大部分车型搭载的均是这款 DSG 变速器，然而，这款被寄予厚望的革命性产品并未展现出超越其他变速器的优势，反而深陷故障投诉纠纷中，其中投诉最多的部分集中在行驶中动力消失问题上。

不过，在强大的舆论压力下，大众汽车仍然没有召回 DSG 的意思，只是宣布将在 2012 年 12 月 31 日之前生产的 DQ200（七速）和 DQ250（六速）双离合变速箱的质量担保期延长至 10 年或者 16 万千米，但这种补救措施难以让消费者满意。

该事件引起广泛讨论还有一个原因，就是大众针对国内外市场截然不同的态度。早在 2009 年 8 月，大众汽车就曾因 DSG 变速器问题在北美地区召回 1.35 万辆汽车，此后不久又追加召回了约 1.7 万辆。但是在国内，召回案例却极为罕见。大众汽车厚此薄彼的做法显然激起了国内消费者的怒火。

在事件曝光后，大众（中国）针对中央电视台 3.15 晚会对 DSG 问题的报道在其官方微博上做出了声明，指出提升客户满意度一直是公司的首要任务，公司高度重视该报道，并将以最快速度联系消费者予以解决。不过，对比大众在北美市场的主动应对，在中国市场上被媒体曝光后才做出承诺的行为显然已经失信于客户了（见图7－1）。

图7－1　央视曝光大众DSG变速器故障问题

品牌传播趋势分析

互联网的快速发展不仅让传统的消费模式发生了变化，品牌的传播趋势也随之发生了改变。品牌传播进入了碎片化时代，用户与品牌的沟通基础变得日益频繁化、多元化。移动化、社交化成为了品牌传播的新特点，也催生了一系列传播趋势的转变（见图7－2）。

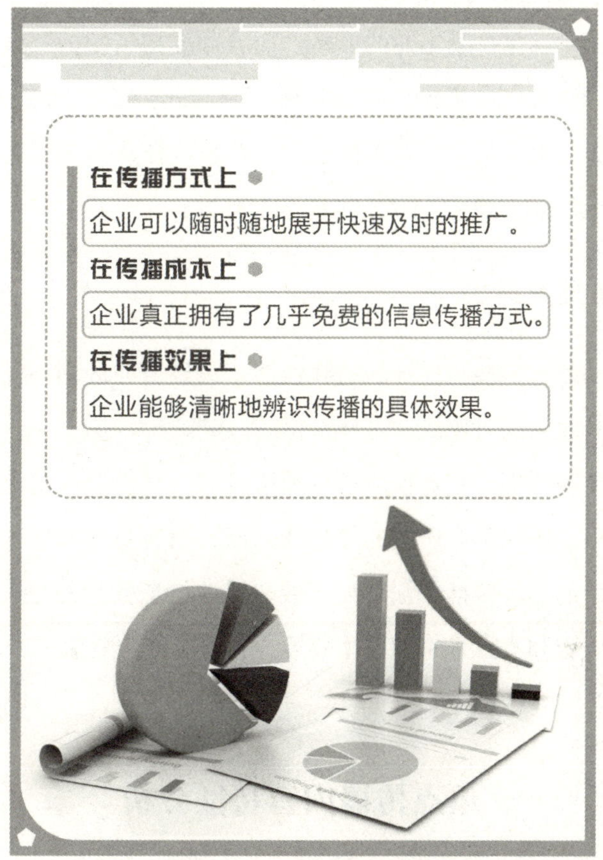

图7－2　品牌传播新趋势

1. 在传播方式上

互联网下的品牌传播，最突出的特征就是互动性更强，微信、微博等传播工具能够精准地推送品牌信息，同时收到消费者相应的反馈信息。品牌传播的时间与空间限制被进一步打破，企业可以随时随地展开快速及时的推广工作，消费者也能够随时随地发出真实的声音。

2. 在传播成本上

传统的品牌传播，无论是借助电视、报纸等大众媒体，还是企业制作大型户外广告，都是一笔不菲的成本，而且需要持续性的资金投入。而传统的互联网信息推送，无论是搜索引擎还是点击广告，随着效果的增强，资金需求也会加大。但是，自媒体工具的普及，让众多企业真正拥有了几乎免费的信息传播方式。

3. 在传播效果上

互联网的品牌传播与传统的品牌传播，最显著的区别不在于是否更有效，而在于其效果的可监测、可计量化。

传统的品牌传播，企业仅能通过传播后的大众反应或销量变化来大致评估传播效果，不仅具有严重的滞后性，而且没有具体数字加以佐证。然而，互联网下的品牌传播，互动粉丝数、反馈信息数等都是可统计的，对于不同传播内容和方式带来的具体效果，企业能够清晰地辨识。

重点传播内容特征分析

随着大数据技术逐渐渗透到各个行业和领域中，其也从一种时髦的观念转变为了一种战略思想，同时为企业的内容传播特征带来了一连串的改变（见图7－3）。

1. 传播的驱动力从业务转变为数据

传统的传播方式，无论是文字、图形还是视频，其具体的决策都是由业务驱动的。企业业务需要什么样的内容，就生产什么样的内容。而在大

图 7 – 3　企业的内容传播特征的改变

数据时代，通过完善的数据统计和分析，为传播决策提供全方位、多视角的参考，使传播更加精准化。

2. 传播渠道从整合化转变为融合化

传播渠道的整合是将不同渠道的优势组合发挥，以取长补短，达到传播效果最佳。而随着大数据技术的应用和发展，这种不同渠道的互动组合将变得更加紧密，从而形成融合的态势，使多渠道的媒体传播发挥出更大的合力。

3. 传播时间从即时性转变为全时性

即时性是互联网传播的一大特性，而在大数据技术下，这种即时性得到了进一步的推广延伸，转变为全时性推广。海量的多样化信息，无时无刻不在传播，这已变为一种常态。

4. 传播内容从模糊转变为精确

传统的传播内容之所以是模糊的，主要是由于其样本有限，因此最终得出的数据难免会出现偏差，这就对用户产生了许多有意或无意的误导。而在大数据技术的支持下，企业能够最大限度地获取信息，从而提高内容的精确度，为用户还原真相。

互动用户分析

随着移动网络和社交平台的发展与普及，企业与用户之间的互动日益频繁化、复杂化，由此带来了一系列用户互动数据的迅猛增长。传统的分析方式已经无法满足当前的企业需求，如何运用大数据思维和工具，有效分析海量的用户互动数据，并由此改善企业的用户互动行为，真正建立起以用户为中心的业务模式，成为众多企业面临的重大挑战之一。

企业对于互动用户分析的模式建立，可以从两方面来进行（见图7－4）。

1. 打破企业内部数据孤岛

在传统的企业运营中，用户的互动数据被分散在不同的部门中，各个部门各自为政，缺乏相应的数据沟通与交流，企业也因此难以分析互动用户整体、真实的情况。

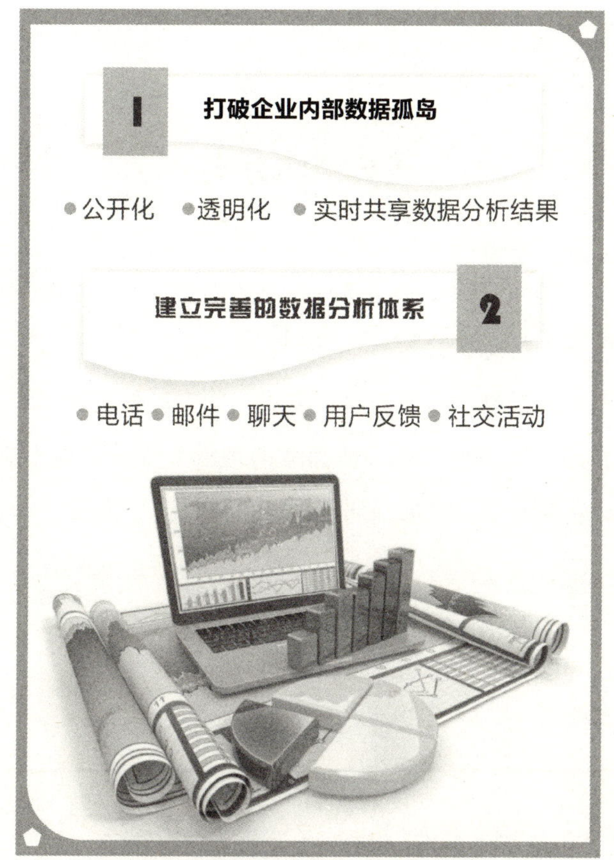

图 7-4　企业建立互动用户分析的模式

为了打破企业内部的数据孤岛，需要建立一个统一的数据分享平台，让各个部门的互动用户数据都在企业内部公开化、透明化，实时共享数据分析结果，帮助企业明确用户互动中存在的问题，以构建更能满足用户的互动方式。

2. 建立完善的数据分析体系

企业应当建立起专业的、权威的数据分析部门，在该部门的主导下，建立起完善的数据分析体系，及时通过电话、邮件、聊天、用户反馈、社交活动等全方位地对互动用户数据进行调查与收集，然后再以科学一致的标准对这些数据进行筛选、整合，在此基础上，对当前的用户互动效果做出评估，进而对企业的互动用户方案进行调整和优化。

正负情绪分类

影响企业营销效果的，不仅仅是用户的需求，用户对品牌的正负情绪也会对营销产生不可忽视的影响。

由于产品的复杂性，即便是同一位用户面对同样的品牌，也会同时抱有正负两种情绪，即该品牌有让他满意的地方，也有让他不满意的地方。根据用户对于品牌正负情绪的强弱不同，可以将其分为四类（见图7－5）。

图7－5　用户情绪分类

1. 正面情绪强，负面情绪弱

通常来说，这类用户情绪是品牌追求的最佳状态，用户对于品牌的主要功能和形象都感到十分满足，对于不足的部分都能够容忍和接受。

2. 正负面情绪都很强

这类用户情绪表明品牌当前处于一种“双刃剑”的状态，在切实解决了用户需求的同时，也让用户在使用上有着众多的困扰和痛苦，让用户对品牌“又爱又恨”。

3. 正负面情绪都很弱

这类用户情绪表明品牌存在感很低，根本没有进入用户的“法眼”，对于用户而言，这类品牌是可有可无的，不会造成实质性影响。

4. 正面情绪弱，负面情绪强

这类用户情绪是一个品牌给消费者带来的最坏印象，用户对品牌几乎没有任何好感，同时有着各种各样的不满，他们会从本能上排斥该品牌。

通过分析用户对于品牌的正负情绪并做好相应的分类，对于企业明确品牌当前在用户心中的形象地位，及时调整品牌策略有着重要的参考价值。

口碑品类分析

品牌口碑是以口碑形式所表现的一种品牌形象，社会公众对于品牌在口头上的各种议论和评价是其主要的表现形式。口碑既有正面的，也有负面的，引导宣传正面口碑，消除负面口碑，是企业公关的重要内容之一。

由于品牌口碑是一种动态指标，不同的用户在不同的环境下对品牌探讨的关注点不同，会使口碑产生巨大的差别，由此造成品牌口碑难以准确监测，也无法进行正确的口碑品类分析。不过，企业仍可以借助一些监测指标来对口碑品类做出分析和引导（见图7－6）。

图7－6　品牌口碑品类分析

1. 企业荣誉

企业荣誉主要包括社会各界授予的奖励和称号，不仅能使员工从中获取自豪感，同时也能使用户从中获取信任感，是赢得正面口碑的重要指标之一。

2. 员工行为

一家文化氛围浓厚的企业，其员工行为也是充满积极性的。如果一家企业能让每一位员工在工作中感受到幸福，并将这种幸福感传递给用户，那么在这种自上而下的影响之下，好的口碑自然也就产生了。

3. 用户满意度

用户满意度是用户对企业产品、服务等一系列要素的综合性评定。除了传统的问卷调查，网络问卷、微博和微信等的互动反馈都能够成为收集用户满意度指标的工具。

4. 网络反馈

网络反馈即网络口碑，是用户针对品牌在网上自发传播的一些观点。而企业则可以对主要的博客、论坛、门户网站等进行信息监测，收集用户的反馈意见，从而评定企业当前的口碑品类。

产品属性分布

产品属性是指产品本身所固有的性质的集合，如价格、外形、重量、性能等。可以说，产品属性是产品差异化的决定性因素。

尽管产品是由企业主导生产的，但产品属性却未必是由企业独自决定的。市场需求、目标客户特征、竞争环境、渠道特性、成本因素、安全属性乃至法律政策，都会从不同的方面对产品属性产生实实在在的影响。而产品属性的差异性分布，也决定着企业传播手段和营销方式的不同。

同样是智能手机，小米卖了1800万部，三星多款智能手机一共卖了3.1亿部，而iPhone一件单品卖了1.5亿部，同时赚取了行业85%的利润。其实，这三者无所谓成功与失败，它们都在各自产品属性的基础上取得了应有的成功。小米即便大幅降价也未必卖得过三星，三星即便大幅涨价也未必能赚取和苹果同样多的利润。

产品属性与传播手段的关系（见图7-7），具体来说分为以下几点：

（1）产品属性影响着传播的主要诉求点：是以功能诉求为主还是以情感诉求为主；

（2）产品属性影响着品牌传播和产品功能传播的侧重点；

（3）产品属性决定着企业总体的传播媒介选择与渠道组合；

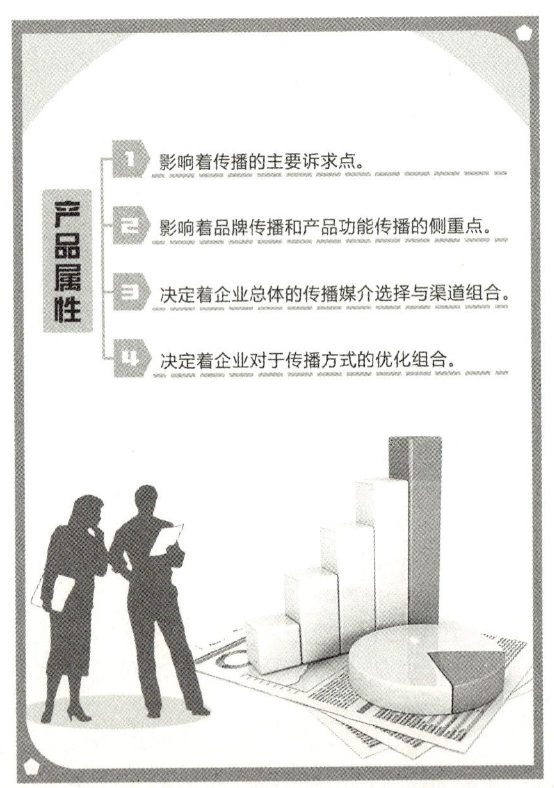

图7-7　产品属性与传播手段的关系

（4）产品属性决定着企业对广告、公关、互动、公益等一系列传播方式的优化组合。

企业唯有准确地分析产品属性分布，并选择相适应的传播内容与渠道，才能顺应消费者的心理，从而引发共鸣，这是大数据环境下企业营销成败的关键所在。

品牌危机预警和应对

品牌的危机预警和应对，不能只是一种“水来土掩”的应急预案，而是要通过体系搭建，构筑一道设备齐全的“防波堤”（见图7-8）。

1. 树立品牌危机意识

生于忧患，死于安乐。无论品牌当前状况和未来前景如何美好，都不能轻视任何潜在的危机。要在企业范围内普及忧患意识，要让全体员工都认识到，危机是一种常态，随时可能会发生，而不只是一种偶然现象。

2. 设立危机管理机构

企业内部一定要设立专门的危机管理机构，其成员可以由高层领导、公关部门和主要业务部门负责人组成，同时，成员之间的沟通渠道一定要保持畅通，在企业危机来临时能够做出最快速的反应。

3. 建立公关预警机制

任何危机都是有前兆的，而企业可以通过一系列监测手段发现这些不良的信号。比如，大众舆论对品牌不利时、新闻媒体对企业表现出异常关注时、企业运营效率突然下降时，这些往往都是潜在的危机在作祟。

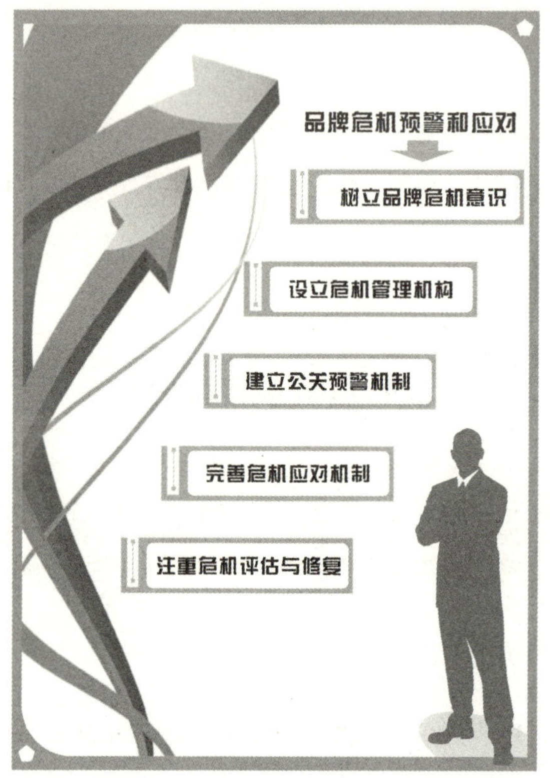

图 7－8　品牌危机预警和应对

4. 完善危机应对机制

当发现危机或危机爆发后，快速正确的应对可以帮助企业有效地减少损失，防止危机扩大。而快速的反应和果断的行动，需要企业在机制上加以确立，保证危机爆发后，由具备能力和职责的领导或组织去处理。

5. 注重危机评估与修复

亡羊补牢，为时不晚。危机过后，并非一切的终结，企业仍将面临一系列新问题。针对危机开展反省与总结活动，进一步消除隐患，将危机转变为重生的契机，企业才能借此变得更加强大。

第八章

爆点法则：借势，造势，营造势能

花费巨资做了全方位宣传，最终的效果却很不理想，这是许多企业在互联网时代面临的困惑。受到海量信息“洗礼”的消费者们，早已对各类花式广告产生了强大的免疫力，对没有创意的推广只会不屑一顾。

互联网时代下的品牌塑造，一定要抓住“爆”字，唯有内容够惊奇、够爆炸，才能进入消费者的“法眼”。而爆炸性内容，需要企业利用一系列的借势、造势活动去营造和挖掘。

案 例

杜蕾斯的微博

杜蕾斯是全球知名的两性健康品牌，不过由于其产品的特殊性，在我国国内的营销一直以来都只能用“谨小慎微”来形容。但在2010年后，杜蕾斯根据传播环境的变化，加大了在中国市场的微博营销力度，逐渐使品牌名声大噪。

在开通官方微博前，杜蕾斯每年的销售增长率最多仅为20%，而在运营微博后的2011年，据AC尼尔森的统计，杜蕾斯的销售额增长超过了50%。许多经销商都表示，看似不起眼的144字容量的微博，给销售额带来的贡献不可小视。而凭借着巨大的成功，杜蕾斯官方微博也获得了2011年度艾菲奖的数字营销金奖。

借助微博的兴起，杜蕾斯在国内有了大胆发言的平台，而“性”这一天然的话题爆点，更是迅速使杜蕾斯微博聚集了大批粉丝。不过，这仍不足以说明杜蕾斯微博成功的原因。因为，作为其主要竞争对手的杰士邦，比其早一年开通微博，截至2011年，杰士邦微博的粉丝人数还不到2万，而杜蕾斯微博的粉丝人数则高达21万！

在杜蕾斯充满话题性的微博内容背后，是一套严谨的微博运营规则与方案。杜蕾斯微博将自身定义为“有一点绅士又有一点坏，很懂生活又很会玩的人”，这一形象使其很好地将性与平实有趣的现实生活结合在了一起（见图8－1）。

图 8－1　杜蕾斯的微博

杜蕾斯微博的内容五花八门，但无论是借势还是造势，话题都始终围绕着“性感、安全、时尚、幽默”这一中心，让粉丝开怀大笑的同时又赞不绝口，最终从众多同行中脱颖而出。

积极寻找和把握可借之势

通过借势进行宣传，有助于企业摆脱传统营销的困境，不仅能迅速扩大品牌知名度，还能使品牌形象得到进一步强化。

对于寻找和把握可借之势，一般不外乎以下两个方面（见图8－2）。

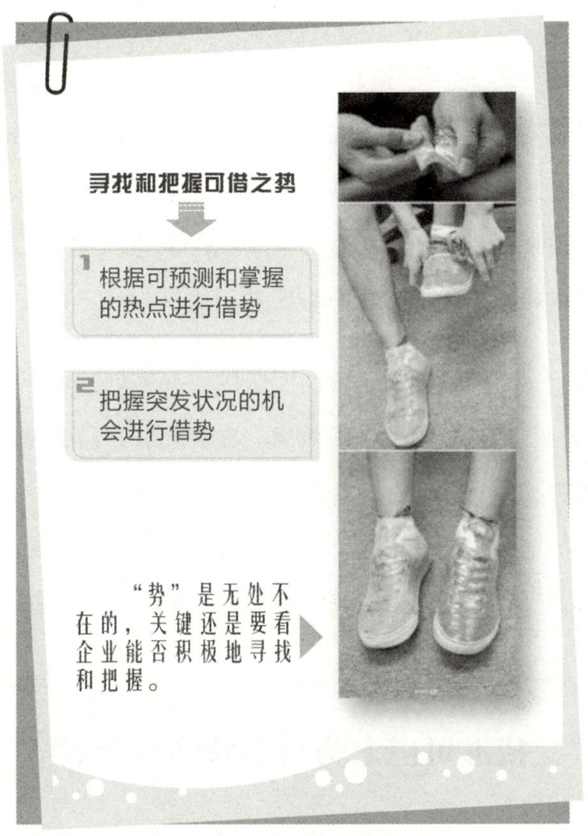

图8－2　寻找和把握可借之势

1. 根据可预测和掌握的热点进行借势

这主要考察的是企业营销团队的统筹规划能力。比如，奥运会、世界杯等重大的活动或赛事，其举办的周期和时间基本都是固定的，企业完全可以经过充分的准备来借助这些数年一度的盛会，通过合理规划带来最佳的宣传效应。

2. 把握突发状况的机会进行借势

这主要需要企业的营销团队善于观察、随机应变、行动迅速。即便是一些看似与品牌、产品无关的小事件，只要善加利用，也能成功借势。如杜蕾斯微博“满城皆知”的雨夜鞋套事件，就是一个成功的案例。

2011 年 6 月的一个傍晚，正值下班高峰期，一场暴雨造访北京市，网友们都在微博上讨论如何回家。此时，一个叫“地空捣蛋”的账号发出一条微博：北京今日暴雨，幸亏包里还有两只杜蕾斯。并在正文的配图中，介绍了自己如何把杜蕾斯改装为鞋套。此微博一出，立刻被疯狂转发，杜蕾斯也一举成名。

这条微博，实质上是杜蕾斯营销团队的一次策划，这个没有多大花费的营销几乎达到了黄金时段广告的效果。在真相公布后，网友们纷纷为杜蕾斯团队的机智“点赞”。

所以，“势”是无处不在的，无论是可见的还是不可见的，都能成为一次绝佳的营销机会，关键还是要看企业能否积极地寻找和把握。

找准可借之势与品牌的结合点

由于全球控烟政策的限制，近年来烟草企业通过成为赞助方进行营销变得困难重重。而在 2012 年伦敦奥运会期间，我国知名烟草品牌——玉溪，就成功上演了一次借势营销（见图 8－3）。

玉溪在 2012 年伦敦奥运会的营销，并非只是通过成为赞助商进行一些流于表面的宣传，而是另辟蹊径，巧妙地借助了奥运会开幕式上所演绎的“田园牧歌”这一主题，将企业最新倡导的“回归自然”的品牌理念与其极为贴切地结合为了一体。

图8-3　2012年玉溪借势伦敦奥运会

开幕式中，一幅幅如诗如画的田园风光成了观众关注的焦点，主办方希望以这种方式唤醒人们热爱自然、回归自然的最淳朴的愿望。

而玉溪在中国，一向是清新型烟草的代表。在2011年下半年，更是推出了一款倡导“回归自然”这一全新品牌理念的“玉溪（庄园）”，意图诠释一种自然淳朴、返璞归真的文化理念，这与伦敦奥运会主打的核心诉求可谓是不谋而合。

通过这种方式，玉溪最新的品牌理念得到了很好的宣传，许多消费者都表示对“玉溪（庄园）”充满期待。

玉溪此次借势营销成功，关键在于企业对所借之势进行了深层次的挖掘，从而找到了与品牌的共通点和契合点，给消费者留下了特别的印象。人们谈到伦敦奥运会开幕式，就会联想到玉溪的最新产品，而不是各种五花八门、毫无联系的赞助品牌。

借势营销，确实是一种迅速打响品牌知名度和认可度的好方式，但是，流于表面的借势往往会使企业事倍功半，无法取得预期的效果。

企业借势营销，不能只是盲目地追寻热点事件，遇到“大事”就想“掺一脚”。对热点事件进行筛选和挖掘，寻找事件与品牌的结合点往往更加重要。否则就成了为宣传而宣传，和叫卖没有任何区别，根本无法真正引起消费者的关注和共鸣。

每当举行大型的赛事或活动，我们总能在场边的宣传栏中看到各大赞助商的广告，不过，通过这些宣传，我们真正注意到并记住的品牌又有多少呢？即便是与比赛联系较紧密的运动品牌或饮料生产商，都很难从单一的宣传中脱颖而出。而一些生搬硬套、牵强附会的借势营销，就更难给消费者留下印象与好感。

新闻每天都在发生，活动也经常举办，但是多换几个角度去看待，花费一点时间去研究，完全可用较少的资金达到更理想的宣传效果。

比如，我们经常在篮球架上看到可口可乐的标志，不过，可口可乐并非只是将广告印在篮球架上就草草了事，同时还强调了自己“乐观、积极、勇对困难”的品牌精神，这与体育界的“更快、更高、更强”的精神有着良好的呼应。在体育营销成为可口可乐市场推广的主体形式后，其品牌核心理念也得到了进一步的引申和加强。

找准可借之势与品牌的结合点，一般需要从三个方面去考量（见图8－4）。

图 8 – 4　找准可借之势与品牌的结合点

1. 价值尺度

品牌借势时，价值观不必完全相同，但内涵必须有相似或相关联的体现。

2. 形象尺度

品牌形象必须与所借之势的形象相吻合，一个正规、严肃的品牌形象在一个充满娱乐和调侃的活动中借势是不可取的。

3. 时间尺度

借势要把握好时机，提前多长时间进行预热，宣传又要持续多久，这些都需要通过调查研究做好规划。

线上线下齐发力，互相借势

线上丰富多彩的宣传推广自然是互联网时代品牌重塑的主要方式，不过，一些线下的活动配合有时也是很有必要的。香飘飘奶茶携手网络神剧《报告老板!》开展的一系列活动，就是一次成功的多元化营销。

2014 年 11 月 20 日，贺岁片《报告老板!》重磅上线，而在中国已有相当知名度的香飘飘奶茶没有错过这一宣传机会，与其展开了深度合作。

在线上，除了以创意贴片、产品露出以及 Logo（商标）鸣谢等传统的简单广告植入，还以剧情植入作为深度植入的主要方式，在让产品与结合剧情凸显的同时，更使其成为一个笑点。

而在线下，香飘飘奶茶与优酷达成了“2014 嘉年华盛典”的战略合作，香飘飘大篷车全程参与了 10 月 19 日至 31 日的路演，以会场派发、LED（发光二极管）展示等形式进行宣传。同时，还参与了大型行为艺术“公益拼象”，为之后的推广做了良好的预热。步入 11 月后，香飘飘奶茶和《报告老板!》联合打造了两场“香飘飘奶茶有料青年理想交流会”的校园活动，借此让品牌走入校园，取得了不俗的成绩。

此次营销活动的成功，不仅在于两者在主要受众群体、品牌形象、推广时间上的完美契合，线上与线下高度集中的层次化推广更是起到了强大的助力。线上线下多元化发力，互相借势，使得品牌在短时间内获得了最大程度的曝光度（见图8－5），进而有效地提升了品牌影响力。

图8－5　香飘飘奶茶与《报告老板!》互相借势

简单来说，线上营销就是依托互联网技术的全新平台而开展的一系列网络营销，无论是搜索引擎推广、网站广告推送，还是新兴的微博、微信营销，都是线上营销的不同方式。而线下营销，则是指传统的实体营销，比如宣传单、横幅、海报、会展，或者是报纸、广播、电视等传统媒介。

线上营销无疑是互联网时代下企业营销模式的发展趋势，不仅在于其形式多样，容易吸引眼球，较为低廉的成本和高度灵活性更是其魅力所在。但是，这并不代表线下营销已经失去了存在的价值和意义，其较高的普及度和认可度，以及传统媒介的权威性，在短期内并不会被互联网媒介完全替代。

所以，对于致力于打造品牌形象的企业来说，只关注线上营销，完全不关注线下营销，或者是觉得当前线下营销效果还不错就不愿在线上投入时间和精力，都不是明智的选择。做好线上线下的整合营销，取长补短，发挥两者的独特优势，进行不同营销方式相配合的多元化营销，才是更为稳妥全面的营销选择。

线上线下的整合营销其实并不复杂（见图8－6），一些浅层的结合就

图8－6　线上线下的整合营销

能带来超越单一化营销的效果。例如，2014 年中国食品博览会上，来自海宁的参展方就将互联网营销带到了活动现场。海宁市盐官镇九里桥果树试验场，准备了九里桥果树的微信公众号和二维码，派发给参与食博会的客户，供大家扫描添加，进而获得持续关注，其产品推广并不仅限于此次会展中。

当然，随着互联网的进一步普及和深入，企业也不能仅仅满足于浅层次的线上线下结合，深层次的结合才是企业研究的主题方向。借助线下的一系列活动为客户带来良好的产品或品牌体验，同时借助线上强大的传播力度进行口碑传播，使得更多人能参与其中，互相借势所带来的复合效应将会带来“1 +1 >2”的营销效果。

以话题性事件进行造势

以话题性事件进行造势，在短时间内聚焦目光进而取得成功的企业有很多，但由于认识不足而导致最终失败的案例也不在少数。

企业在以话题性事件造势的过程中，经常会陷入以下误区（见图8 -7）。

1. 事件无新意，老调重弹

话题性事件之所以能成为造势的借力，关键就在于其稀有性，不仅媒体会争相报道，公众也会热烈讨论，而如果相似的事件反复上演，恐怕就很难激起“涟漪”了。比如海尔靠“砸冰箱”成功造势，但如果现在你再去“砸电视、砸空调”，不仅不会引起关注，恐怕换来的会是嗤之以鼻。

2. 与品牌形象塑造相背离

企业开展话题性事件造势不能仅仅是为了短期的曝光度，更要关注长

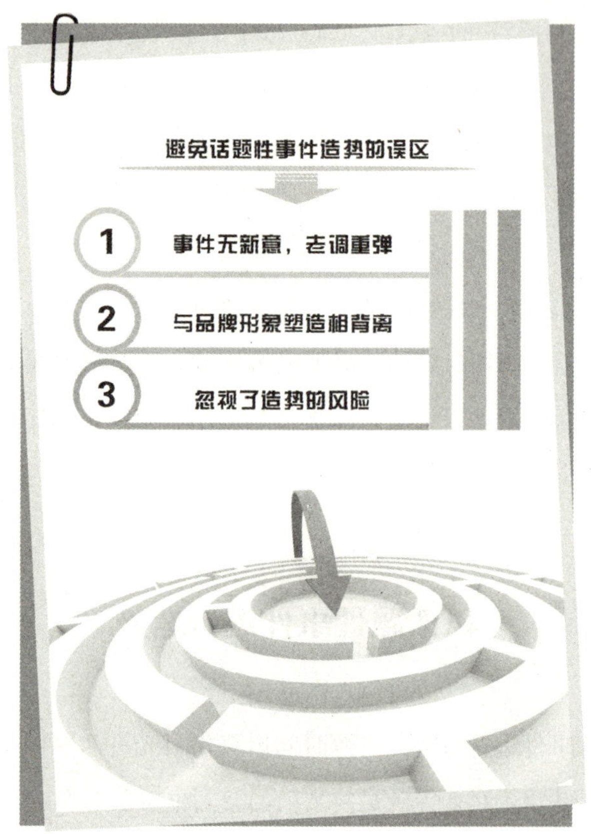

图 8－7　话题性事件造势的误区

期的品牌建设，如果所借助的话题性事件对品牌形象造成了损害，那就是“搬起石头砸自己的脚”了。比如在 2002 年“恐怖大亨”本·拉登成为美国通缉的“大红人”时，我国就有某医药产品利用这一噱头，将本·拉登与卖药硬扯到了一起，这一负面形象的宣传不仅没有带来公众的美誉，而且受到了药监局的查处。

3. 忽视了造势的风险

由于话题性事件发展的不可预料性，有时也会给企业带来许多麻烦，可能是道德层面上，也有可能是法律层面上。此外，利用话题事件造势也极易被公众指责为炒作或作秀行为。如果企业没能提前做好预判，规避这些风险，那么不仅会白忙一场，还有可能承受各种直接或间接的损失。

如果没有利用好话题性事件，就会给企业和品牌带来各种各样的问题，尤其对于一些知名度不太高、处于发展阶段的小企业来说，消费者总是习惯于戴着有色眼镜看待它们，也就更容易被指责为“低俗”的炒作。不过，这并不代表企业不能炒作，关键还在于企业是否能从话题事件中提炼出新意。

2003 年，伊拉克战争爆发，这一世界性的大事被统一润滑油加以利用，成为了该品牌走进公众视线的一个重大转折点。

就在伊拉克战争爆发的当天，统一润滑油紧跟着央视节目《伊拉克战争报道》之后，播放了一则仅 5 秒的广告，其广告语“多一点润滑，少一点摩擦”凭借着不同凡响的创意，将人们反对战争的情绪和润滑油产品特性紧密结合在了一起。简洁、含蓄、贴切的语言立刻引起了媒体和公众的注意，使统一润滑油这一品牌不胫而走。

在 2002 年之前，美孚、壳牌、长城等是人们最熟悉的品牌，统一最多只能算二线品牌。但在 2003 年，统一润滑油当年销量增长达 300%。许多加油站中，司机甚至会指名要求使用统一润滑油。短短一年，统一润滑油就从一个知名度不高的品牌变得人尽皆知。

统一润滑油的成功造势，不只是简单利用了伊拉克战争这一当时的话题性事件，而是从中发掘出了一种正能量，所以才取得了不同凡响的成绩。战争意味着摩擦，每个人在内心深处都希望消除摩擦，向往和平，“少一点摩擦”说出了无数人的心声，“多一点润滑”又直接地点明了产品特性。一句简短的广告语，成功将话题事件与品牌宣传紧密结合在了一起，即便这起事件如今已经淡出了人们的视线，但统一润滑油的这次宣传还是让人记忆犹新。

面对话题性事件，许多企业都想抓住宣传良机，在这种竞争状况下，能否展现出创意，表现出与众不同的地方，才是造势成败的关键所在（见图 8－8）。

图 8－8 统一润滑油成功造势

让用户成为造势的主体

2008 年 3 月 24 日，在希腊古奥林匹亚遗址，第 29 届奥运会圣火成功点燃。就在同一天，作为奥运赞助商的可口可乐，携手腾讯举办的奥运火炬在线传递也正式开展。仅仅一周，参与人数就突破了 700 万，两周后，参与人数达到了令人咋舌的1700多万。可口可乐又一次成功开展了造势活动。

从活动流程上看，此次活动主要依靠QQ（即时聊天工具）好友间的一对一传播，参加者首先需要被好友邀请，然后再邀请到另一位好友才能成功参与活动。尽管活动内容很简单，但借助“圣火传递”这一举世瞩目的事件，却顺利点燃了广大网民的热情。

成为奥运火炬手，是许多人的梦想，但是真正能实现的人寥寥无几。于是，借助网络平台在线传递火炬，就成为众多网民表达奥运情结，宣泄爱国激情的一种方式。而可口可乐也借此使本品牌与广大消费者有了一次近距离接触。

纵观此次在线火炬传递活动，无论是信息传播还是活动参与，可口可乐与腾讯几乎都没有进行刻意的安排和引导，完全是凭借网友的自发性传播达到了最初所期望的效果（见图8－9）。活动不仅满足了用户内心潜藏的一种需求，而且也没有引发反感和抵触。在网友看来，此次活动就是一个简单有趣的“仪式”，而非企业的一次宣传行为。

让用户成为传播主角，厂商退居幕后，这正是病毒性营销的魅力所在。

互联网时代下的传播，之所以具备远超传统模式的力度，关键在于用户具备了越来越强大的传播能力，每一个人都能成为传播的中心点，这自然比企业单点传播更快速。让用户成为传播主体，就是互联网时代下病毒性营销的思想来源。

从本质上看，病毒性营销就是企业通过为用户提供一些有价值的免费服务和内容，同时附加上产品或品牌信息，使用户在传递他们感兴趣的服务和内容的同时，产品和品牌信息也一并得到传播。

病毒性营销成功的核心在于以下两点（见图8－10）。

图 8-9　在线火炬传递活动

1. “病毒”本身必须具备足够的吸引力

吸引力就是创意，病毒性营销传播的主体内容，或者具备趣味性，让用户开怀一笑；或者对用户有价值，满足他们的某种需求。简而言之，只有打动用户的心，他们才会愿意关注，才会去主动传播。没有创意的“病毒”只会让用户早早地产生“免疫力”，从而无法获得持久的关注。

2. “病毒”必须易于传播

“病毒”可以是一段文案、一段视频，或者是一次互动活动，但无论

图 8－10　病毒性营销成功的核心

是传播的内容，还是活动的参与方式，唯有简单，才能快速传播。简单的内容更容易让用户牢记于心，便捷的参与方式才能让用户不吝惜“举手之劳”。缺失易于传播这一特性的“病毒”，很容易使用户失去传播热情，最终使传播链条断裂，传播效应大减。

与传统的企业造势相比，发动广大用户造势不仅能使企业用更低廉的成本获得快速、大范围的传播效应，还能提高用户的接受度和认可度。因为多数用户都是从好友处获取相关的内容或活动信息，与企业没有直接接触，这就减少了许多广告成分，使用户能以积极的心态关注和传播相关内容。同时这种传播方式还免受了许多同类信息的干扰，能更好地树立品牌形象。

造势要注意“聚与散”

造势是一个过程，想要产生奇特的效果，就要在造势过程的把握上有一个清晰的执行思路。简单来说，造势要能做到收放自如，注重聚与散的结合。

乐奇足球是“90后”足球爱好者邱秋创建的一个基于移动互联网的足球社区，用户不仅可以通过这一平台获取相关的足球资讯，还可以组织球赛，线上约战，然后线下进行PK（比赛）。

足球永远是不缺乏关注的话题，而对于足球爱好者来说，组织一场球赛并不是那么容易，不仅要集齐队员，还要找好对手，定时间、定场地很难取得一致。

乐奇足球最初的推广方式，就是直接到足球场做推广，向那些爱好踢球的人推广自己的应用。用户只需要告知自己想要在什么时间去哪里踢球，乐奇足球就可以帮助他们安排好，于是逐渐吸引了第一批尝试者。

起初，乐奇足球的主要市场是北、上、广、深等一线城市，在聚焦了足够的关注和活跃度后，又进一步将业务扩展到武汉、西安等城市。据创始人邱秋透露，乐奇足球未来的目标是做足球运动最大的移动社区，连接全中国的足球爱好者。

乐奇足球的造势，就是一次明显的从聚到散的过程（见图8－11）。先通过在消费水平高的大城市聚焦人气和关注度，在证明了盈利模式的可行性并不断完善之后，将这一成功模式推广到了其他城市，这使乐奇足球的业务得以快速地铺开。

图 8－11　乐奇足球的造势

造势不是一种短期的炒作行为，而是需要具备长远的眼光。将品牌的形象与价值通过一次事件、一场活动、一项赛事表现出来，阶段性聚集关注度之后再进行阶段性扩散，将一个集中的“势”实现最大程度的推广，避免“闭门造车、关门造势”。

聚与散的结合，不是相互割裂的，而是要紧密配合，这就需要企业在“聚”的过程中前瞻性地考虑到“散”的问题。

聚的过程，无非是通过有效的、有创意的策划与实施，抓住用户“痛点”，进而引发爆点。但是，一味地标新立异、追求时髦是不够的，还要考虑到营销方案的泛用性和可扩张性，让聚集起来的人气能快速有效地

“散”出去。许多企业之所以聚焦了关注后就迅速淡出了人们的视线，就是因为其造势方案不具备普遍性和传播性，因此最终只能在一个狭隘的圈子内传播一时。

当然，散的过程，除了在设计方案时加以考虑，企业自主的引导扩散也是必不可少的。许多企业在成功造势后，就以为能高枕无忧，坐享人气暴涨带来的销量与利润了，这是一种失败者的思想。在互联网时代，人气来得快，去得更快，如果企业不能引导人气扩散进而形成更多的人气聚焦点，很快就会湮没于浩如烟海的互联网信息中。

聚与散相结合的过程实质上是一个“火种”传播的过程。首先在一个条件完备的地区或网络社群中通过造势来聚焦人气，在短期内获得高度关注与曝光，然后利用现有人气将造势内容传播到条件近似的地区或网络社群，点燃新一轮“火种”，最终形成“燎原之势”。用最少的企业行动介入完成大规模造势，不仅能宣传品牌形象和理念，还能以较小的成本与风险，开发一种营销方式或业务模式。

营造势能，让“势”持续发力

许多企业对“势”的理解，仅仅局限于一时的爆发力，但实质上，营造势能，并不是简简单单地营造一个爆点，更要使其具备持久性，这样才能让“势”发挥出长期有效的动力。而要达到这种持续发力的效果，就需要在营造势能中把握两大关键点（见图 8 – 12）。

1. “势”的载体要具备持久性

“势”的载体多种多样，可能是一座运动场馆、一个广场，也可能是一场纪念活动、一次盛大的赛事等。

图 8－12　营造势能中需把握的两点

但并非所有的“势”都具备持久性。以四年一次的世界杯和奥运会为例，这两大盛会世人瞩目，企业也乐于在举行赛事的各个场馆内进行宣传。但是这些宣传并不持久，随着赛事的结束也就淡出了人们的视线。如果所借之势定位在开幕式、闭幕式上，效果就会不同凡响。一次设计优秀的开幕式或闭幕式，其明确的主题和内容更易被传播和铭记。

2. “势”本身要具备内涵性与文化性

一个能够持续发力的“势”绝不会是流于表面的噱头，一时的噱头仅能换来一时的关注，而能够扎根于人们心底的一定是有内涵、有文化的内容。

低层次的造势是宣传企业的产品和服务，中层次的造势是宣传企业的品牌和理念，而最高层次的造势就是宣扬一种文化。比如，山东推出的“好客山东”品牌，经过多年的造势传播，人们对其的认知早已从一种品牌上升到一种文化共鸣，其根源就在于品牌与当地文化的良好契合。